老板是怎样炼成的

——小企业经营之道

The Ugly Truth about Small Business

[美]露丝·金 著 耿林 译

ZHEJIANG UNIVERSITY PRESS
浙江大学出版社

浙江省版权局著作权合同登记图字: 11 – 2010 – 132

目 录
CONTENTS

目 录
CONTENTS

目 录
CONTENTS

小企业经营之道

本书为成千上万的小企业主而作，他们中有些人可能正在考虑是否建立小企业，有些人已经创立了小企业，另一些人则正在经营小企业。

我希望你在这里读到的故事能够给你安慰，给你希望，给你想法，让你明白你并不孤独。

前言：你并不孤独

祖父总是跟我说，世界上有三种生意人。

第一种人犯错误，却不从中汲取经验教训。这类人会犯同样的错误。

第二种人犯错误，但从中汲取经验教训。这类人不会犯同样的错误。

第三种人从他人所犯的错误中汲取经验教训，他们避免了犯与其他人相同的错误。当然，他们也会犯些错误。但是，通过从其他人所犯的错误中学习，他们节省了自己的时间，精力和金钱。本书可以帮助你成为第三种生意人。

我们来看看真相。作为小企业主，当我们被问及"生意如何"时，即使最大的客户破产了，银行账户上只剩3美分，不知道去哪里找钱来付账，我们也会说，"很不错"。我们很少会相信什么人，而把自己的真实情况如实相告。

我于1979年开始创办第一个企业。当时我22岁。那时，我确实不知道办一个企业是多么困难，又是多么有价值的事情。归根结底，我理想化地认为创办和运营企业是一件容易的事情。我的理想主义最终变成了现实主义、奋争和成功。运营企业几年以后，我已说不清楚成为一名企业家是福还是祸。但我知道要掌握自己的命运，而拥有自己的企业是掌握命运的最佳途径。

在过去的 25 年里，我运营了 7 家企业。其中 4 个是成功的，两个刚成立不久，现在下结论还为时尚早，而第七个企业则是一个彻底的失败。

我曾为了筹措资金找过一份工作。起初，一切很顺利。压力消除了。我不再为账单发愁，我有了固定收入。但不到 6 个月，我就开始讨厌这份工作。18 个月后，我辞了职，我发誓不再为其他人工作。我要设法找到自己的生存之道。我和我丈夫花了数年的时间才堵上 70 万美元的资金缺口。

每当我开创一个新企业，挑战就会更大。面临的情况也会更复杂。我开创的一个比较简单的企业是一家 T 恤衫公司，其目标市场是职业工程学会的学员装。我们的目标就是要获得足够的利润，保证我们每年的山区旅游，并设计新的 T 恤衫。我们成功了。

最近开创的企业之一，前景网络电视公司（ProNetworkTV. Inc.），面向互联网电视的纵向需求，是一家复杂的企业。创办这家企业使我陷入前所未有的梦魇中：在一天之内，丢掉了 160 万美元的合同，损失了 80 万美元的投资，失去了所谓的"合作伙伴"。

这一经历，令我真正震惊的不是这些数字，而是人竟会给企业带来如此大的风险。我开始疑惑是否还要继续做下去。为什么人们会置自己于压力，不眠之夜，以及恐惧之中？我们内心深处有怎样的力量可以激励我们前行？

我发现我并不孤独。我认识到，在美国有 2 300 万小企业主在经营小企业的过程中，都应对着自己的挑战，迎接着自己的胜利。许多人在困境中找不到转机。毕竟，我们这些企业家能够咬牙坚持。本书可以给你带来转机。

本书包含了50位愿意慷慨地与你分享他们经历的企业家的故事。你会看到独资经营企业，合伙人企业，股份制企业，从初创企业到价值几百万美元的企业，服务型企业，制造类企业等各种各样的企业。你会读到有些企业会犯一些错误，而这些错误你不要再犯。

读这些故事时，你会发现不同的企业家对于企业困境的定义是不同的。你也许认为他或者她的经历并不是"很糟糕"。然而，经历这些事情的人却感到非常可怕。有些人坚持下来了；另一些人则关闭了原来的企业，重新创办了另一家企业。也有一些人关掉生意，选择了其他谋生之道。有一些人正在经历着梦魇。他们不知道黑暗尽头是否能重现曙光。

所有的人都非常慷慨地与你分享了他们的经历，无论你是正在经营自己的企业，还是正在考虑建立自己的企业。有些企业家要求我换掉他们的名字以及企业的名字。我答应了他们的请求。虽然他们的名字是化名，但他们的故事是真实的。从与我分享经历的每一位企业家那里，你都可以学到东西，并可以通过这种学习来避免一些压力的产生。

这是一本励志的书——它能够带来希望——它能让你感觉到你并不孤独．当你阅读这些故事时，那些企业家用以解决危机的灵感会使你受益匪浅，能够帮助你应对作为一个企业主所面对的危机。你可以从他们的经历中学习，成为第三种生意人。

简介：从我们的错误中学习

无论你是正在考虑创办一家企业，还是正在运营一家企业，或者是已关掉一家企业，你都不是孤独的。有成千上万的曾经的、现在的、未来的企业家为你提供设想、激励和指导。你所要做的就是虚心求教。

我明白。大多数企业家都是守口如瓶。我们曾信任别人，告诉别人自己所遇到的问题，却受到了伤害。结果，我们不再相信别人，不再告诉别人自己的实际处境……除非这个别人是那些可能永远不会创立或运营自己企业的人。也许，这就是我们作为企业主最大的弱点。我们很少与人分享，也很少向他人求助。无论怎样，我们都知道我们是正确的，我们要战胜艰难困苦来证明我们是正确的。

人们渴望分享。你所要做的就是提问。在我为写本书进行调研的过程中，我发现了这一点。那么，你怎样可以找到那些值得信赖的人？

有时，你可以向陌生人提问。你可能读到某人的一篇文章，感觉这个人会喜欢你。你可以给他发一份电子邮件。你也许会感到惊讶——他竟然回复了你的邮件，而且他愿意帮助你。

你可以和与你同机，坐在你旁边的人交谈。在飞机上，你可以与别人深谈，因为此时人们没有担心；你们再见面的可能性很小。人们在飞机上会更多地相互分享。我之所以这么说，是因为我乘飞机总里程达到 200 万公里，在飞机上与上千人进行过交谈。

你要鼓起勇气给你敬佩的人打电话，写信，或者发电子邮件。找那些与你不在同一行业的，在你眼里是成功人士的人们。请他们共进早餐，午餐，或晚餐。你会惊讶地发现从他们那里学到的东西绝对值得你请他们一餐饭。这办法可行。你怎样才能引起他们的注意？我发现最佳途径就是隔夜给他们写信。这样，你绝对有理由期待他们能抽出宝贵的时间赴约。要诚实——有时，你的理由就是要别人帮你出主意。毕竟，他们曾经历过你正在经历的困境。最后，你要机动灵活地调节自己的日程安排以迎合他们的时间。赴约前要准备好问题清单（如果对方要求提供问题清单，你不要感到惊讶）。要做笔记，要从他人的智慧中汲取营养。

本书可以给你灵感，帮助你战胜艰难时刻，战胜资金短缺，以及许许多多你运营企业时遇到的现实问题。

当你有了成功的经验或失败的教训后，你要乐于与那些正在路上的，怀揣梦想而经营自己的企业的人们分享。他或者她也许正在忍受不眠之夜，压力，恐惧，以及生存危机。伸出援助之手，帮助他们渡过难关。

第一章　我们为什么要做企业家

一句话，要有激情。我们要对所做的事情有激情。当然，除激情之外还有很多其他理由，但是最主要的就是我们热爱所做的事情。受教育水平并不重要。是否有资金支持也不重要。我们之所以成为企业家，是因为我们看到了需求，我们喜欢或者愿意做一番事业，而达成这一目的的唯一途径就是拥有自己的企业。

杰夫，拓展训练公司的 CEO，给出了简明扼要的论断，"我认为一直驱使我前行的最大动力就是我对所做的事情充满激情，因此，失败，无所作为，或者不成功，这些都不是我的选项。"

以下几点就是我们之所以成为企业家的理由。

企业家与大企业文化不相容

我们不适应大企业的文化环境。所以，许多企业家告诉我，他们之所以选择自己办企业，是由于他们厌倦了自己的成就不被认可的感觉。当他们开始创立自己的企业时，他们的努力终于被认可了。有人一开始给大企业工作，之后却发现大企业了无生机。一些人一开始为大企业工作，而大企业认为这些人不合适。

萨莉购买了她的上一家企业，这是他们经手的最大一笔买卖，价值超过 400 万美元。她还建了一个分部。然而，她辞职了。当被问及这样做的原因时，她说，"一旦决定让自己去开拓，明白了你真正热爱的是与那些你愿意与其共事的人们一起工作，你就停不下来了。这可以激发你的活力。一旦决定去做，你就不愿停下脚步。这也就是你能克服困难，向着梦想前进的力量源泉。"

凯瑟的评论概括了很多人离开"舒适而保险"的一份大企业的工作的理由："我厌倦了美国企业中的那种紧张和忙碌。我感觉自己像是在受奴役：为了极小的升迁机会而努力工作。我决定去做自己喜欢的事情，所以我辞职了。"

大多数企业家不适应大企业的条条框框。我们冲破条条框框，不喜欢按规则出牌（除非这规则由我们自己定）。终于，我们厌倦了，开创了我们自己的企业，开始掌握自己的命运。

我们别无选择

有时，我们并没有预料到自己会做企业家。一位被动地、莫名其妙地成为一位企业家的人告诉我，他办自己的企业的原因是因为他不能融入公司的环境。当他被解雇的时候，他不得不开办了自己的企业。

保琳需要找事情做，因为她丈夫参加了罢工。这就迫使她开办了自己的企业。

有些人是与老板说明他们想要创办自己的企业后，找到成为企业家之路的。道奇就是这样的例子，他告诉老板他想创办自己的企业。道奇告诉他的老板说，如果他的老板需要解雇人的话，那就解雇他，不要有什么顾虑。结果，老板遂了他的心愿。

另一个理由是企业家要建立自己的信用体系（赊账能力）。凯蒂就是一例。她结婚了，但是所有的信用记录都在她丈夫名下。她需要自己的信用记录。经过多年的努力，她才找到新企业愿意在她身上冒险。

还有一些人是由于偶然的原因成为企业家的。一位企业家告诉我如果不是在 35 岁那年开办了企业，他根本就没有机会成功。在 34 岁时，他遇到了这样的机会。在妻子的支持下，他创办了自己的企业。

创业精神已融入我们的血液中

我们内心深处一直都知道我们注定要拥有自己的企业，为此我们甘愿去冒险。一些人，像克里斯丁娜一样，从年轻时就知道自己的想法，他们从未试图去适应大企业的文化环境。她一直都明白她与那些志在上大学，找到一份好工作的同窗们不一样。她知道同窗们所选的道路不适合自己。

也有一些人从孩提时期开始就知道他们要开办自己的企

业。尽管我在 22 岁时才拥有第一家"真正的企业",但是我在童年时期就卖过东西。许多人送过报纸。许多人投资过证券市场。许多人在孩提时就挣过钱。

太多的人在第一次尝试时都会失败。鲍勃就知道他命中注定会拥有自己的企业。当他的第一次尝试失败后,他就找了份工作以便渡过难关,直到他得到东山再起的机会。其他人一次次地尝试。所有人都从自己的错误中记取教训,然后继续前进,最终拥有一家成功的企业。

尽管经历了种种艰难困苦,每一个在创办自己的企业之前在其他企业工作经历的人都说,自己办企业比为他人工作要好得多。

那些已建立了价值数百万的企业的企业家,由于他们有在其他企业工作的经历,会尝试在自己的企业中创造更好的企业文化环境。

企业家之所以成为企业家,是因为我们对所做的事情充满激情。有时,我们被迫成为企业家。有时,我们通过认真思考后决定做一名企业家。我们敢于承受压力、恐惧、艰难岁月,因为我们想走自己的路,想有所不同。

> 企业家之所以成为企业家,是因为我们对所做的事情充满激情。

第二章　我的故事

露丝

前景网络电视公司和商业电视频道网站首席执行官

要振作精神，继续前进。"

我曾与一位客户合作，花了近一年的时间做一个大型的广播培训项目。一切方向正确，进展顺利。我们收到了一封客户来函，来函显示进展情况比我们预想的情况要好。他们已经为一个小项目向我们付了款。这样的来函通常可以作为给投资人的担保。当正式合同签订时，追加投资将会到位。

当电话铃响起时，我们已准备开始投入实质工作了。客户却说，"我们削减了预算，在这个项目上的160万美元的投资出问题了。"在那一刻，整个公司和我都崩溃了。去年整整一年，我已向公司投入50万美元，此刻，在我脑海中，这笔投资已化为乌有。我的"合伙人"不打算投入资金了。我被搞懵了。

我独自走出办公大楼，找了一个我觉得合适的地方。痛哭流涕，直至把眼泪哭干。我父亲的声音一直回响在我耳边："当坏事情发生时，要振作精神，继续前进。"到了实践父亲忠告的时候了。但是，如何向所有卷进来的人们交代，如何应付那些账单，那些债务？我是否还有足够的智慧作出艰难抉择？我确信我做不到。我真的做不到。我傻傻地发着呆。

2001 年的感恩节是我一生中最糟糕的一个感恩节。我是在泪水中度过的。感恩？我有什么需要感恩？我在乎的，我热爱的世界坍塌了，碎片刚好砸中了我。

没有一件事情是顺利的。我崩溃了，感到很受伤。我本以为可以依靠合伙人。事实上，我不能。最糟糕的是，我不再相信自己。

我丈夫拯救了我。尽管周围所有一切都对我不利，他却一直鼓励我要将企业维持下去。我不得不开始做广播节目。我起初根本听不进去他的话。他的音量也大起来，最后我们爆发了剧烈的争吵。最终，我还是采纳了他的建议。他比我更相信我。

于是，在合伙人以及许多员工的反对声中，我用我信用卡上最后的信用额度开始建立世界上最便宜的网上广播中心。在建立广播中心的头 3 个月的时间里，我与员工发生了争执。他们反对我的所作所为。我解雇了一些人，让一些人下了岗，后来，只有一小部分人离开。我的合伙人激烈反对建立小型广播中心。这本应是个警示信号。

事后回想起来，我意识到自从圣诞节以来我的合伙人就把精力放在找工作上，而不是帮助我们建立广播中心创造收益上。在他找到工作之前，他一直在我这里领取收入。他并没有投入，因此，也就没有风险。我承担了所有风险，投入了所有资金，以及所有的心力和精力。随后，他也离开了。

2002年3月13日，在我丈夫、他的合作伙伴以及坚持与我们在一起的忠实的员工的帮助下，我们新推出的、小型的、15×25英尺的广播节目开始播出了。我们有了13个听众。

现在我们有超过3 000名听众。当初，在错误的合约给我们造成损失之际，每一个人都认为我不能做下去了。我们做到了，直到近日，我们的广播节目还在播出。

我们的运营模式非常成功，我们从广播行业向另一个目标市场拓展：造就像我们一样的企业家。商业电视频道网站于2005年1月3日开始播出节目。

我 的 经 验

如果只有我一个人将资金投入到企业中，我的合伙人就不是真正的合伙人。他只是一名员工，无论他怎么说，他与我的利益也是不同的。

我父亲是对的。我可以振作起来，拂去身上的尘土，继续前进。有时我需要有人来激励你。找到这个人。

如何在你的企业中应用我的经验

如果你打算同一个合伙人办企业，一定要在开始之前问

自己这样几个生死攸关的问题:

- 谁为企业出资?

- 如果企业需要钱怎么办?

- 你要亲自"在合同上签字"吗?

这样你就可以明确合伙人的出资情况。如果合伙人不投入个人资产,只有你投入个人资产,那么你们就不是合伙关系。你是老板,而你所谓的合伙人只是一名员工。

要确认在你的企业之外有你可以依赖的人,你可以与他们交谈,从他们那里得到想法。他们可以帮助你度过艰难岁月。

要决定寻找许许多多小客户,而不是只依赖一个大客户。开始时,你的客户可以很少。我们开始播出时,只有13个客户。关键是要证明人们会用你的产品。一旦你发现了第一个客户,其他客户会接踵而来。

第一部分　关于小企业经营之道的 50 个故事

1. 我错误地购买了一家企业

鲍勃

道达尔计算机系统公司总裁

我注定要拥有自己的企业。我认为人们在内心深处都有去创造新事物的愿望。你可以依据这种内心深处的愿望去塑造自己，修正自己，并去实践你的梦想。1979 年，我购买了一家印刷公司。这家公司的前业主在几个地方都有业务，这些业务都需要业主在本地管理。他曾试图远程遥控这些业务。我抵押了我的房子，获得了 3 万美元的贷款，这一贷款数额高于房子的真实价值，我用这笔贷款购买了公司 80% 的股份。

我同样无法管理公司在所有地方的业务。公司在 2 年内就倒闭了。它本应在 6 个月内就倒闭的。哈哈，我是个永远的乐观主义者。

我离开的时候，我把公司还给了它的前任业主。他申请了破产。我一无所有了，我从这家公司什么都没有得到。这太可怕了。我没有工作，没有钱。我欠了银行的房屋抵押贷款，而贷款数额高于我房子的真实价值，我还有几张未结的交通罚单和其他一些债务。我认为我在几个星期之内就要睡到大街上去了。

我犯的另外一个错误，就是没有坚持将我的名字从企业记录中删除。那一天，我出去晨跑，回来的时候，警长正在等我，他交给我一堆法律文件。那是多么令人胆寒的岁月。那些岁月成为我们生活的重大转折点。然而，那些艰难的岁月使我和我的家人团结得更加紧密，使我们认识到什么才是真正重要的东西。同时，我的朋友们也在支持着我。非常信奉上帝，非常虔诚地去教堂。我们的信仰，我们的朋友们使我看到了曙光。

我的妻子说她不想再经历这样的事情。她不在意我挣多少钱。她想要安全感。我让她平静下来，并告诉她必须要克服这些困难，因为我还会再干。最终，她同意了。

也许，在内心深处，我想要证明我能行，想要证明自己不是个失败者。我总是相信我一生必定要去经营企业，必定要成为自己的老板。

我没有被赶到大街上。最终我还是找到了一份工作，并一直干到我攒到了足够的钱，重返生意场。2 年后，也就是1983 年，我又遇到了一个重启我自己生意的机会。我遇到了一个人，他邀请我和他一起经营计算机购买业务。看了他的商业计划书，并审视了他的经营后，我意识到他赌上了他的全部资金。我不想再犯同样的错误。

一次偶然的机会，我又遇到了帮我脱离那家印刷企业的那位律师。他问我目前在干什么。我告诉他我曾考虑进入计算机购买行业，但是后来还是决定不做了。他说："那么，你为什么不自己做呢?"我跟他说，"你应该很清楚，我没有钱。"他回答我，"我来做，我们一起干吧。"但是，问题又来了，这位律师要控制所有的利润。

我找了我的注册会计师，问了他对于这件事的想法。他的反应令我吃惊，他说他想和我一起做。他的合伙人也想加入。我就此创立了道达尔计算机系统公司。我至今仍在这个行业中。

我从不放弃，即使是在遭遇失败的时候。

我 从 不 放
弃，即使是
在遭遇失败
的时候。

我 的 经 验

虽然当时感到害怕，但是我还是坚定信念，继续前进。

我的配偶和朋友可以给我很大的精神支持。

我永远不知道下一个生意或者下一个有关生意的想法什么时候出现，这是偶然的。

如何在你的企业中应用我的经验

列出你认为的 100 个或者更多成功者的名单。在你的心目中，他们或许在财务上是成功的，或许在精神上是成功的，或者在养小孩方面是成功的，或者在其他方面是成功的。这张名单上应该有他们的姓名，电话号码，电子邮件地址（如果你知道的话）。每周与名单上的一个人见面。找出他们成功的原因。他们又经历过哪些艰难困苦？你也许会发现将你的现状开诚布公地告诉他们，你的感觉会好得多。这将帮助你坚定信念。作为回报，在一些会面中，你将获得帮助你生存下去，开创或者发展事业的想法。

这个故事还有后续情节：

道达尔计算机系统公司多年来一直在发生着变化。起初，我们每个人的股份都是33%。在企业运营过程中，我的注册会计师退出了。我投入了更多的资金，我的股份增加了。我打算将股份比例调为80/20。我的注册会计师同意了。他说将他的股东证明分成两份；每一份10%。当我将股份证明递给他时，他将它们掉了个方向，分别签上了我的两个孩子的名字，然后又递给了我！我忍不住哭了。

多年后，提起这事，我还是会流泪。他还是我的注册会计师，骄傲地看着公司一年一年地成长。在像第一次那样遇到危机时，我有敏锐的直觉，慷慨的人们在我背后支持着我。

2. 战争创伤

蒂姆

如果不是后来发生的事情改变了我，我本会成为美国历史上最大的屠杀者。孩提时期，我曾遭受精神和肉体的虐待，那时，我认为爱只能在电视上看到。我睡在地下室的角落里；夜里，我父亲会走进地下室，无缘无故地揍我。到我12岁的时候，我已变成一个冷酷无情的小孩，我开始带着枪支去学校。

一天，我觉得已经受够了折磨，决定离开这个世界。我不想孤独地离开。我想迫使其他人跟我一起去。我厌倦家庭，厌倦学校。尽管我非常鄙视我的父母，但我不能杀害我的家人。那么，我决定尽可能多地在学校杀人。我偶然得知有人贩卖偷来的武器，那些人有很多弹药，炸弹，机枪。幸运的是，在距离学校一个半街区的地方，我被截住了。这里距离我打算干掉超过400人的地方仅有5分钟的路程。

最终，一位大屠杀幸存者使我的人生发生了翻天覆地的变化，他给我上了重要的一课，教我明白了在美国的人生价值。现在，我结婚了，还有了自己的孩子，不放过每一个走进那些迷失的、受伤害的青少年的内心深处的机会。我知道，如果我能将我的故事告诉更多的人，我就能帮助更多的青少年，告诉他们如何从许多人所遭遇的痛苦的纠缠和家庭暴力中解脱出来。所以，我要将我的故事告诉更多的人。我创建了自己的企业，这家企业的业务就是出版讲述我的故事的书籍，并就我的故事在高级中学作讲演。

我并不知道会遇到怎样的困难。我应该在墙上写上一个警示语："当心：你已进入鲨鱼出没的水域！"尽管有点小聪明，我还是比我想像得要容易轻信别人。我在网上搜索有关出版的信息。我认为可以相信在网上读到的东西。我不是很了解出版业，事实证明我确实容易上当。我在所谓的专家身上损失了数万美元。然而，我还是坚持要将我的故事告诉大家，而且坚信能做到。我意识到需要一份商业计划书，好的建议和实施步骤。

事情变得很糟糕，我只得卖了我的新卡车来支付费用。我找到了一些行业协会，参加他们的会议，阅读他们的资料，经过了解之后，我加入了一些协会。我的书终于出版了，随后我发现发行才是最关键的。我意识到要吸引全美最大的书店的注意，我尝试利用电话和电子邮件这些通常的联系方式与这些书店取得联系。结果并不乐观。实际上，结果令人灰心丧气。随后，我想到一个主意：在 Google 上搜索这些企业的财务记录，看看能不能找到公司主管的联系方式。然后，我打算寻求（祈求）这个人的帮助。经过一个小时的搜索，我除了看到一个最大的书商的首席财务官（CFO）的电子邮件地址之外，一无所获。

我明白给这位 CFO 发邮件是下了一个几乎没有赢的希望的赌注，但是这肯定是一件一无所有就可以得到一切的事。我写了只有一段文字的电子邮件，介绍了我目前所处的状况，并请求他的帮助。

我记得我在按下"发送"按钮时，我的想法是我的这份邮件不是在未被阅读之前就被当作垃圾邮件删掉了，就是被一个行政助理截获并删除。尽管如此，我还是希望有最好的结果。

仅仅 30 分钟后我竟然得到了来自这位 CFO 本人的回复！我很高兴地得知他还确保有关改动方面的事宜将在本周末讨论。我的渺茫的希望竟然实现了。企业家的创造力万岁！我为这一良机三呼万岁！

我的公司终于开张了。今天，我的公司蓬勃发展，我的故事广为流传，我正在帮助许许多多的孩子们。实际上，最令我满意的是我知道我已阻止了两起哥伦拜恩式的事件的发生！我才刚刚开始。

我 的 经 验

互联网上有很多信息——有些可信，有些不可信。不要相信互联网上的所有信息。一定要检验这些信息的可信度，寻找证据，鉴别真伪。（千万不能相信网上看到的文件副本！）

我必须由始至终有计划性。也许实际情况与计划有偏差，但是我也不能完全没有计划，跟着感觉走。我发现计划是有生命的文件，尽管它应根据具体情况进行调整，但是它还是可以引领我以最近的路线达成目标。

参加大的行业协会组织。我最信任的 5 个人中，有 4 个是通过行业协会认识的。要多问问题——但是采纳意见时，要小心求证。

相信自己，相信自己确认了的信息。

如何在你的企业中应用我的经验

你可以多方求助，帮你建立商业计划书。涉及这一主题有数以百计的书籍。像退休行政人员服务部（SCORE）和小企业委员会（SBA）也可以为你提供计划模板。如果你正在申请贷款，要求你的银行家为你提供他喜欢的商业计划书范本。如果你正在向 SBA 申请贷款，你就必须按 SBA 提供的格式撰写商业计划书。

你的商业计划书是你的路线图。它定义了你的目标，以及你达到目标的路径。

参加与你的企业类型相同的行业协会。这些组织可以帮助你建立切实可行的计划。找出协会会员的成功之道。吸取他们失败的教训。

你的商业计划书是你的路线图。它定义了你的目标，以及你达到目标的路径。

3. 起死回生的人

罗恩

ImproMed 公司总裁兼首席执行官

　　我一直都是一个起死回生的人。在企业刚开张时，我买不起任何东西。我不得不购买一些有问题的东西——一个需要起死回生的企业或建筑物——因为我只能买得起这样的东西。我总是不得不去修复这些有问题的东西，为了获得成功，我需要做大量的工作。做这样的工作，我会有些好运气，也得到了一些好的经验。多年来，我用银行的钱建立了不少盈利的、成功的企业。但是，一天下午，我的银行家差点让这一切终结。以下是我的故事。

　　我做海军时受过电子方面的训练。我退役时，不能做具体的电子方面的工作。我在威斯康星州找了份能挣些钱的工作。我的第一份工作是做一名钢铁工人，因为我从不惧怕攀高，而且做这份工作可以赚不少钱。我忘记了威斯康星州的天气寒冷，我的这份工作没能持续下去。

　　我怀揣 125 美元，和一位朋友来到了墨西哥，开始了第一次创业。这次创业搞砸了。我在饥寒交迫中离开了墨西哥。我说的饥寒交迫，绝对是实事求是的说法。我的状况很差。我们没有钱，回到家时口袋里只剩下 3 美分。

　　最终，我发现我很善于销售。我被人们请去教授销售技巧。但是，我还是厌倦了。我一定要去创建自己的企业。

　　我喜欢外国车。那时每一个人都认为在美国外国车的销量也许会占到2%－3%，而我却坚信这个数字能够达到20%，因此，我在威斯康星州的奥什科什开了一家加油站，并专门修理外国车。随后它发展成为一个修理车间，之后扩张为一个零部件商店，并入驻威斯康星的绿湾。

　　由于不是很满意仅仅拥有一个加油站，一个修理车间以及其他已有的东西，我打算购买一些有问题的公寓，并修复它们。我开始着手将一些问题公寓转变为商业地产。我的一处商业地产里，有一位租户是个兽医。他正在建一套计算机系统，而我做海军时有一些计算机行业的背景。

　　这位兽医是个好人，他陷入了困境。他遇上一个可以卖掉公司的机会，他就这么做了。但卖掉公司时，他并没有得到现金；只得到了一家摇摇欲坠的上市公司的股票。

　　作为一名资深的资本运营企业家，我当时在社会上有很好的声誉。他求助于我，请求我看看有没有什么办法将他的企业整合进我的业务中，以便他的企业得到挽救。我当然同意了。我们签了合同，接下来，我就开始同时经营着这位兽医的软件企业，我的不动产业务，汽车清洗，以及我涉入的其他一些合资企业。

　　所有这些企业的账户、贷款和不动产，包括我的家庭资金方面的事宜都由一家与我保持着良好的关系的银行来管理。

那时，你一般应与一家本地银行建立好的关系。银行会关照你，关照你的资金状况，关照你的业绩。到那时为止，我取得了骄人的业绩。所有事情都进展顺利，我对所有业务的处理都得心应手，没有任何突发的问题，也没有逾期账户。然而，一位刚刚接管业务的新任银行总裁几乎搞砸了我所有的生意。

当时，我欠银行300万美元。兽医的软件公司有50万美元的无抵押贷款。一天，我的贷款主管给我打了个电话。他说那位总裁要找我谈谈。要求我第二天下午一点钟带上我的一位合伙人到他那里。令我感到有点奇怪的是，那位总裁并没有来找我们，而是让我们去见他，但我并没有多想。

第二天，我和我的一位合伙人到了银行，坐下来等那位总裁的出现。一点钟到了。1：15pm。1：30pm。大约1：45pm的时候，那位总裁终于走进了银行，还带着一位律师，那位律师我认识。那位律师跟我们打了个招呼，那位总裁则始终一言不发。

我想知道为什么通常都是银行家来找我们，而我基本不会被叫到银行来。他们没有说原因，也没有解释他们为什么没有准时到场。我们走进那位总裁的办公室。我问道："你好，你今天要见我们。你想要做什么呢？"

以下就是他的真实回答。"我要你今天就把你的那些账户从这家银行清理出去。"这简直是恐怖袭击。我问："你在说什么?"他回答,"我不想你的那些债务继续留在这儿,我不想要你的一些个人业务,以及一些愚蠢的 PECFA 贷款留在这里,我们要为此支付近 25 万美元的利息,这是不合法的。"

我说,"你说得不对。"他反驳道,"我说的没错,我不想听你再说什么了。"

那个银行总裁尖声咆哮。办公室里所有的人都听到了他的叫喊。我惊呆了。他要求我当天就将我的支票账户以及其他所有的东西都从这家银行挪走。他说如果我不这样做,他们将开始针对我的所有项目采取行动。我告诉他我星期五还要发薪资(会面当天是星期二)。他说他不管这些。他告诉我不可以再用信贷额度去发薪金了。雪崩就在眼前。

我步履蹒跚地走出银行。多年以来,这是我妻子唯一一次看到我处在焦虑中,为前途承受着巨大压力。我当时真是一点办法都想不出来。我的世界正面临着毁灭,这都拜那位不理智的银行总裁所赐,他不知道怎样处理债务。

激动的情绪平息之后,我就开始理性地思考对策。家有千件事,先从紧上来。我给我最信任的律师打了电话。我明白当务之急是解决薪金问题。我们审查了所有的贷款合同,并制定了一个计划。到星期五,我给我的贷款主管打了电话。我告诉他我要和他们那位总裁谈谈。他说不可以,我不能找他们的总裁谈话。因此,我只能对他说,"那么,他必须和我的律师谈。你们银行必须允许我用信贷额度来发薪

> 激动的情绪平息之后,我就开始理性地思考对策。

资，因为你们和我签了合同。如果我能顺利发了薪水，我就会清掉所有债务。"

我接到了对方的来电，传递了那位总裁的意思，说是银行允许我使用信贷额度到当月月底。

苛刻的贷款期限被延后了，这样我就有时间一一处理每一份贷款协议。由于我在社会上拥有良好的声望，所以仅用了不到 30 天的时间找到其他银行同意向我提供贷款。60 天之内，所有的贷款都转出了原来那家银行。

我 的 经 验

我不再把所有生意都放在一家银行了。

直至遇到这一次的情况，经营业务从来没有困扰过我。这也是唯一一次我让情绪化战胜了理智思考。当情绪化战胜理智时，恐惧就产生了。当我们理性地思考解决问题之道时，恐惧就会消失。

如何在你的企业中应用我的经验

要与多家银行和基金建立广泛联系。你也许从一家银行获得第一笔贷款。然而，你的私人业务也许是在另一家不同的银行。或者，你有几个个人和企业账户。你与其中一家银行交恶，那么你还有在其他几家银行的交易记录。

如果你与一位银行家建立了关系，而这个银行家离开了原来那家银行，那么就跟随他将你的业务转到他新去的那家银行。你的银行家之前所在的银行会给你介绍他们银行中的另一个人为你服务。你目前所在的银行想要留住你的业务，他们会给你指派另一个人。去了解这个人。然后，你就会有两家关系银行了。

4. 我只能靠自己

芭芭拉

马瑟咨询集团有限公司创始人

　　我那时已在一家财富 500 强的企业做了 30 年以上的高级管理人员，我职业生涯的大部分时间都在这里工作。1998年，我遇到了一个"千载难逢的机会"，我从东海岸迁到加利福尼亚，参与公司一个新的分支机构的建立。最终，这一分支机构没有办成功，3 年后，公司就将它关闭了。我不想寻找其他企业的工作，我也不想回原来的公司总部工作（公司向我发出回总部工作的邀请）。我丈夫热爱他在洛杉矶的工作，我的孩子们也都安顿了下来，而且有了新朋友。我也不想离开加利福尼亚。所以，我打定主意要开创自己的事业。我的丈夫鼓励我说"向前走"。

　　我开始不知所措。我过去总是有很多工作上的朋友和同事。现在他们都从我身边消失了。我之前的整个职业生涯都被安全地包容在一个公司的组织机构内，此时，我之前享有的所有原有企业的支持体系也都一并消失。从一些小事上来讲，例如，之前我从未为计算机问题或者安排出差等问题担心过。公司有全套的支持系统来处理从购买曲别针到编制财务报表等大小事宜。而现在这些全要我自己干——完全靠我自己——这全要拜我开创自己的企业的决定所赐！对于我这样一个外向开朗的人，这是多么孤独和困难的处境。天天与同事和朋友在一起的日子已离我远去了。

我不能表现出胆怯。我要在家人面前表现出坚强。在之前的企业环境中，我总是无所畏惧的——所以多年来，人们都认为我是一个强大的人。我必须在这次新的冒险中获得成功。

在一年的时间里，我推出了自己的咨询公司，我为寻找第一位客户花了整整一年的时间。偶尔，我并不特别乐观，我认为我不可能总是能找到客户。我开始参加一些专业协会的会议，以增加自己的知名度。在我头几次参加这样的会议时，我被吓坏了；我甚至不知道如何与那些在小企业里的人说话！我已太习惯于大企业的文化和环境了。我不得不克服这种莫名的恐惧。

令我惊讶的是，我开始爱上与那些运营小企业的企业家的交往，爱上与这些企业家的聚会。这里有完全不同的环境和文化。而我花了几个月的时间才认识到这些企业家不是我的潜在客户。他们没有额外的资金，他们确实拿不出钱来购买咨询服务。我越是了解他们，就越是意识到自己是在浪费时间；他们不是我的听众。

恐惧和怀疑慢慢爬上我的心头。我不想失败。我不知能否在这个圈子之外找到客户？我开始怀疑我自己的能力。

我的固执帮了我的忙。我不可能向自己或向家人承认犯了错。我现在不能——将来也不能——在家人面前表现出恐惧。我明白我需要改变策略。他们信任我。

最终，我想到了办法。最可能向我购买专业化服务的企业是那些大型企业。我做了更多的调查研究。在我之前所在的公司里，人们认为我是一个可以搞定任何事情的人。我多年来在大型企业的多个部门工作过，我发现大企业在企业规划、更新以及发展方面需要专业化的服务。我继续集中精力通过专业协会构建人际网络。最终，我叩开了事业之门。我为我的第一位客户服务了一年之后，在那一年的年末就找到了第二个客户。现在，我享受着成功的快乐，恐惧已经成为过去时。

相信自己至关重要；永不放弃。

我 的 经 验

相信自己至关重要；永不放弃。

如果我在最初的方向上没有成功，那就改变方向！当我创办新企业时，没有什么可以限制我，也没有什么是一成不变的。

也许那些与我熟识的，愿意与我约会的人永远不会成为我的客户。如果他们不是我的目标客户，没有能力为购买我的服务付钱，那么就赶快寻找其他目标。

在创办和发展自己的企业的过程中，当我制定企业发展方向和策略时，我会感到很孤独。因此，要向别人寻求建议。雇一个业务指导团队。寻求专家建议。当我面临挑战时，要勤于咨询。我不能完全地"独行"。

我会获得回报，也要面临挑战，但要记住，不会有像在大企业里那样的安全感。

要跟踪所在领域的最新信息，捕捉所有新的趋势，据此不断调整我的经营。否则，我会发现自己止步不前，没有客户，更糟糕的是，恐惧会控制我，让我变得麻木。

如何在你的企业中应用我的经验

当你创办自己的企业时，要确信你有足够的储蓄或者足够的钱来维持生活。通常需要很长时间你才能从创业计划中获得收益。没有现金储蓄的情况下创办企业会使你压力倍增。你一定要有收入来源来维持企业的运营，支付账单，吃饭，生活。

要对需要你的服务并且能为你的服务付费的潜在客户展开营销攻势。如果他们需要你的服务却不能付费，那么他们就不是你的客户，或者会给你带来收不回的欠账。

5. 我们在快速地赔钱

拉马尔

TMBG 股份有限公司合伙人

我和两个朋友购买了一项税收特许专营权。我们购买这项专营权的原因是因为它的起步资金是我们可以承受的，同时它也是我们有能力经营的生意。我想在工作之外做点事情，以此作为对未来的一种投资。我邀请其他两个人加入。他们同意了。

我的妻子全心全意地鼓励我做这件事。她表达对我支持的一种方式就是拿出了她的退休基金作为我生意投资的一部分。

我的合作伙伴们在时间上比我更灵活些，达成协议后，我将继续我以前的全职工作。我的一位合作伙伴是不动产投资人和企业主。另一位则已从政府部门退休了。他们负责企业日间的运营，我则负责晚上的运营。

2003 年，我们顺利度过了第一个税务季度。大约在四月份或五月份，我们试图确定在淡季的工作计划。我们第一个季度干得不错；比想像的要好得多，但离最优的目标还有距离。我们之前从未做过税务工作，刚刚起步时，确实感到紧张。然而，特许专营授权公司的建议帮了我们，我们做得还不错。

我们的银行账户上有钱了。如果当时就关门，我们已经能够付清这一年余下几个月的账户了。但是我们不想就此关门大吉。

我们当时是怎么想的呢？我们还有 3 年的租赁合同，因为未来这段时间我们不会在税收业务上有什么收益，因此需要做一些事来支付这笔开支。

因此，考虑开展其他业务应是好的选择，我们开展了支票兑现业务作为对税收业务的补充。我们错了。我们很快发现这两种业务是不同的。在我们意识到这一问题之前，我们的银行账户上在九月份的时候已仅剩下 1 000 美元。在下一个税务季节到来之前，我们仍需想办法支付 3 个月的账单。

我们感到了恐惧和不安。现金短缺，我们试图找到能够支撑到下一个税务季度的办法。我认为我们需要投入更多的钱。我们的一位有过经营企业经验的合伙人，艾斯利不同意我的观点。他认为那无异于火上浇油。他的观点是：我们为什么不想办法赚钱？我们为什么要把钱投入目前不能赚钱的业务中？

我们不得不找出无需进一步投资的解决办法。埃斯利的说法使我们大家都意识到不能再往里面扔钱了。

我们最终还是在没有继续投资的情况下扭亏为盈。我们尽可能挽回了在支票业务方面的损失，最终关闭了这项业务。

给债权人打电话是令人感到头痛的事情。但是，我们不得不与债权人谈判。房东和电话公司是其中两个最大的债权人。我们绝对需要办公地点。我们绝对需要电话。

我们与房东交涉，约定房东允许我们到下一个税务季节的头一个月支付租金。到那时我们就有钱了。我们和电话公司达成了相同的协议。我们勉强撑了下来。

在第二个税务季节开始的时候，我们不再凭一时热情办事了。我们仍旧依赖私人投资启动广告业务。但是，这次投资却与以往不同。广告业务不再是赔钱的买卖了。这项业务在启动之初的一年中就经营良好，这次好的投资带来了好的业绩。它为我们赢得了不错的声誉，我们几个人信心倍增，我们以非常好的盈利条款筹集到了4 000美元的私人投资。我们的一个合伙人投入了3 000美元，随后我们按合约将钱还给了他。我们偿还了所有的债务。

第二个税务季节，我们依然很成功。在这一过程中我们学到了很多东西。第二个税务季节结束时，我们暂时关闭了公司，此时公司的银行账户上有足够的资金，直至下一个税务季节才又重新展开业务。

我 的 经 验

获得成功之前，你要付出金钱，时间，精力，也要承受很多压力。

获得成功之前，你要付出金钱，时间，精力，也要承受很多压力。

有时，我不能确定到底能不能一天天坚持下去。找合作伙伴来帮助我。

面对失败是对我的信念的很好的检验，并且使我更加坚强。我会从自己身上发掘很多潜力。只要我有坚定的信念，上帝会帮助我的。

如何在你的企业中应用我的经验

你必须作出艰难抉择。如果你的企业在亏损，而且没有盈利和挣钱的机会，那么你就必须关门了。如果你发现每创造 1 美元的价值，就会亏损 2 美分，那就意味着销售得越多，损失就越大。一个亏损企业越增加销售损失就会越大。你会发现处在入不敷出的境况中。除非你有无穷无尽的资金来源，否则就必须关张。

局外人通常能看到你看不到的事情。你的顾问可以帮助你"穿过树木的遮掩，看到整个森林"。他们也可以帮助你作出艰难抉择。

6. 我们火上浇油

弗兰克

Ioline 公司首席执行官

　　我不是一个典型的企业家。我来自于一家财富 500 强企业。我日常管理着上百万美元的收支。

　　在 42 岁时，我成功管理着企业的一家分公司。我对自己说，"如果你认为自己很棒，那么就去试试自己干吧。"我决定购买一家企业。

　　我的一位朋友，也是我所在企业的一位前任员工，当时是 Ioline 公司的总经理。一天，他约我吃饭，这一邀约给我带来了机会。吃饭时，他问我是否有兴趣购买 Ioline 公司。我很奇怪，他自己为什么不买呢？他说买不起。

　　我说不感兴趣。然而，他还是说服我无论如何仔细考虑一下。当我进一步考虑之后，我确实不感兴趣。这家公司几乎要破产了。上一个年度，这家公司亏损了 80 万美元，上上年度则亏损了 40 万美元。

　　经不住那位朋友的多次劝说，我还是决定与他们公司的工作人员谈谈，审查了他们的计划，想要知道这家公司怎么会在几乎破产的时候还有如此乐观的预期。这家公司所在的行业我一无所知。我又一次拒绝了。

最后，他们请求我向他们提条件。我提了条件，他们同意了。这桩买卖在 1992 年 3 月 22 日成交。在离年底一个季度结束的前 10 天，我买下了这家公司。当时，公司账面亏损 188 000 美元，接下来的一个月又亏了 148 000 美元。我当时觉得这简直是我所做的最差的投资。这家公司几乎要倒闭了，我的钱也几乎亏进去了。我确实找了一些外部投资者，因为我不想把所有的鸡蛋都放在一个篮子里。有一些合作伙伴相信我，他们默默地支持我。

情况比我想像的还要糟。我们的产品质量差。我们每生产两件产品，却只能卖出一件。我们在不应介入的市场中参与竞争。

我并没有被压垮。我将注意力集中在如何解决问题上，而不是沉浸在倍感压力的情绪中。我认为，关键在于市场定位。不要与那些能将你踩在脚下的大企业竞争。要生产高质量的产品。产品要易于操作，要提供优质的客户服务。

公司之前并没有这么做。我想让产品像烤面包机一样便于操作。我把一台烤面包机放在大厅里。员工们理解了我的用意。但是，我们首先要停止亏损。

1992 年中期，我们还在透支信用，因此我们决定充实公司的资金。我向公司投了资。投资人也向公司投了资。这一做法简直像是火上浇油。当时，这无异于白白浪费钱。

我偿还了 545 000 美元的债务。我任命了高层管理人员。我选定每一位员工。我精挑细选地雇用了一支新的工作团队。我尝试与人们交谈，以便挑选出能够进入我的团队的人。我告诉他们在这家公司工作不能期望赚很多钱。这里的工作实际操作性强。如果你要参与所有的事情，想理解自己工作的意义，那么这家公司正适合你。如果你想寻找合作伙伴，实现自我价值，或者实现政治目标，那么这家企业不适合你。这样，所有加入 Ioline 公司的人都是愿意来这里工作的人。公司找到了最合适的人员，他们理解我们的目标，要懂得每一分钱的价值。

我让每一位员工从一开始就明白，如果我们想生存，就要节约每一分钱。我转遍整个工厂，搜集了一袋子螺母、瓶子和易拉罐。我问大家，"谁想要 20 美元？"所有人都举起了手。我给他们看一袋子的东西。他们明白了我的意思。

我们仔细检查了生产的所有产品。我们决定停止生产某些产品。我们重新设计了另一些产品。我们非常注意节约成本。每一笔支出都要经过我亲自签名认可……甚至仅仅 50 美元的支出也经过同样的认可程序。我与员工们一起粉刷墙壁。我暗自对自己说，"想像一下，这是世界 500 强的员工们在粉刷墙壁！"我们尽一切努力使企业盈利。

第一年的年底，我们弥补了前些年的亏损，并略有盈余。第二年，我们裁员 40%，重新设计了核心产品生产线，省去了 50% 的零部件，降低了成本，提高了质量。第二个年头（1992 年），我们仍然亏损。第三年，我们将厂房缩小了 40%，获得了 27 000 美元的盈利。1994 年，盈利超过

800 000 美元，到 1995 年，我们盈利 1 540 000 美元。到 1997 年，公司的产出增加了一倍。到今天为止，在我经营这家公司的 13 年中有 12 年获得了盈利，其中有 53 个月，公司盈利直线上升。

我通过应用基本的商业原则做到了上述的一切：仔细挑选每一位员工，集中资源，制定计划并坚决执行，选出最合适的员工，并极力让他们去工作，制造好产品，遵从道德规范。1994 年，我们进行了分红，此后我们仅有一年没有进行分红。

初创时期的 90 名员工中只有 6 名员工至今还跟我一起工作。那位建议我买下这一生意的经理人已经去世了。我使 Ioline 公司起死回生。我现在不愿再回财富 500 强企业工作了。

1996 年，我获得年度企业家的称号。在过去的 13 年里，我的投资人们获得了 33% 的年收益率——对于一家曾濒临破产的公司来讲，这绝对是相当可观的收益了。虽然，经营这家企业的初期，我历尽艰辛，但是，现在它已经成为我最成功的投资之一。

我 的 经 验

要考虑到最坏的情况。当他们将预测报告拿给我看时，我仔细研读，进行了大概的删减，但是我们还是没有达到预测目标。

按计划行事，不要迷失方向。坚持基本原则。没有什么比靠想当然来行事更糟糕的了。

不要被压力击垮。找出问题所在。理性地分析具体情况，做那些必须做的事。

要将如何发展企业，如何能够使企业办得更好，如何削减成本时刻放在心上。

当一切进展顺利时，不要认为已经天下太平了。如果我这样想，我就会做一些愚蠢的事情，例如，投入昂贵的发展计划或者尝试做一些我不了解的事情。

己所不欲，勿施于人。

要直接地、开诚布公地、诚信地对待每一个人。

要进行动态管理。

己所不欲，勿施于人。

要强调的是，要理解我所服务的行业与客户。

如何在你的企业中应用我的经验

当你资金紧张时，你必须监控进进出出的每一分钱。检查每一张发票，签发每一张支票是你的责任。

要作研究，去发掘你在市场中的竞争地位。尝试与市场上的领军人物竞争；但是，你要花很多时间和金钱。更经济的做法是将自己的定位放在市场领导者不做的地方，并在这一定位上成为市场领导者。

　　要定期与员工进行交流。他们对于企业情况好坏是有感觉的。如果你真诚地对待他们，他们通常会为公司的进步出谋划策，帮助你解决面临的问题。

7. "值得信任"的记账员

匿名

大约 6 年前，我雇用了一位助理簿记员。她 50 岁了，没有小孩，她丈夫是一位"美国交通运输部认证工程师"。她不需要保险，也不需要工作，她只是想出来工作。她说喜欢计算，喜欢与数据打交道。她简直就是一位梦幻员工！简（这不是她的真名字）逐渐开始扮演员工们的母亲的角色，她总是关注员工们是否能够照顾好自己。她总是将从教堂得到的蛋糕和比萨带给员工们。她成为我们企业大家庭的一员。她身体上有些比较严重的疾病，我们时常要带她去看病。大约 3 年之后，她完全掌握了会计工作。她虽不能使支票簿保持整洁，但却将它看作是自己的一样来管理，因此，我们相处得很好。这样，我们就不必为会计工作担心了。

2002 年 6 月，自简完全掌管了会计工作两年半之后，我们发现她在支票上作假达 180 000 美元。我们却一直未察觉。我们感到震惊。我们认为简是最不可能做这种事情的人。表面看来，她只是个拄着拐杖的小老太太。

另外，我们发现有很多未付账单（她不支付账单，是为了留下来给自己）。之前，有人打来电话要求付账时，他们都被告知与负责会计工作的人联系。那么谁是负责会计工作的人呢？简！她会编造一些谎言来应付他们。这样，我们被蒙在鼓里，根本就不知道关于未付账单的事。

你也许会想："我们永远不会碰到这样的事！"事实上，这种可能性是存在的。

我们本以为我们足够细心。在外签任何支票前，我都会仔细审核相关文件。在我们支付账单之前，客户服务经理会核对价格。客户服务经理和我在付账前都会再复核一遍。

我们的注册会计师定期来审核我们的账目，但是他的工作主要是审核我们的资产与负债是否平衡，是否缴税，等等。简用制造假账单的方法来掩盖她从公司窃取的资金。如果她贪污5 000美元，那么她就将其中2 000美元计为零部件支出，3 000美元则计入设备支出。如果不进行全面审核，会计师就看不出她给的信息有问题，然而，我们一度认为全面审核是不必要的。银行不会过问此事。会计师也没有怀疑一家仓库的账单是不是来自我们公司的仓库账单。由于所有支票都是支付给供应商的，实际上这些供应商都是她的家庭成员，因此一切似乎都很正常。

当公司的财务状况开始出现问题时，我们并没有立即警觉：因为我们上个秋季雇用的服务人员曾预测公司业绩会有所下降。第二年的夏天，我们的财务状况变得非常糟糕。我们已超员，但我们没有解雇任何人。公司的情况越来越糟。随后，"9·11"事件发生了。正如我们在报纸上读到的那样，一切变得很糟糕，唯一值得庆幸的是我们的公司还在。

这一期间，我们更换了会计软件。当账目上有出入时，简就会抱怨服务软件与会计软件不能很好地兼容。她这样说，是为了掩盖真相。现在回顾她的行为，我们才意识到这些都是她放的烟幕弹。

在支票上进行多人签名毫无意义。我们没有规定要进行多重签名，就是有这样的制度，她也会一人代劳！因为银行一天要处理上百万的支票，它不可能去辨认签名的真伪。因此，签名制度毫无意义。

永远不要完全相信簿记员

幸运的是，她从未被赋予在支票上签名的权力。如果她拥有这样的权力，那么我们可真就毫无办法了。因为法律并没有规定你应明智地花钱。永远不要赋予簿记员签支票的权力。

我 的 经 验

簿记员不应签支票。

没有及时作出财务报告是不可原谅的事情。这就是为什么我要雇用簿记员的原因。当我拿到财务报表时，要仔细审查。如果看到有什么地方不对，那么就可能真的有问题。要查清楚问题所在。

企业主应该是首先看到银行报告的人。

如何在你的企业中应用我的经验

对于贪污者来说，成为簿记员是份好工作。永远不要完全相信簿记员。

发现某人从你手里窃取金钱是令人震惊的。立即进行审计，找出真正的问题。

一定要惩罚盗窃者。如果你只是解雇这个人，那么他还会在其他企业故伎重演。

如果你发现没有向供货商付款，就要向他们道歉并付款，如果不能全款支付，也要制定一个还款计划。

8. 经理带着部门的员工们集体辞职

匿名

我父亲开了一家小型的管道设备公司，并将公司发展成为大约价值 500 000 美元的企业。大学毕业以后，我曾在一家银行工作过，之后我决定加入父亲的企业，帮助公司进一步发展。我将公司的价值提升到了 1 500 万美元。在这一过程中，我从与我共同工作的人们那里学到了很多有益的经验。下面的故事也许是其中最有价值的。

我促进公司成长的办法之一就是增加了一个专门为顾客提供供暖和空调（HVAC）服务的部门。增加这一部门是顺理成章的事，因为我们原有的业务就是在新建房屋中安装管道，那么同时安装供暖和空调系统并不困难。与我们合作的建筑商也愿意找同一家公司做这两项业务，我们的业务蒸蒸日上。

寻找既能吃苦耐劳又能高质量地完成工作的人并不容易。在我们的服务部门，这一问题尤为突出，因为服务部门不仅承担着维修设备的工作，还需要承担更换老化设备的工作。我们服务部门的技术人员在各个地方的房屋里工作，我根本无法监督他们。我必须通过对他们进行培训并跟踪他们的表现，以便确信他们能够很好地服务客户。

约翰（化名）是我雇用的第一批技术人员中的一员。他能很好地服务于客户，并且有很强的学习能力。我看到他的进步非常高兴。约翰最终成长为一位出色的技术人员。

我们的名声逐渐传播开来，我们服务部门技术人员增加到了 8 位。由于我用于管理服务部门的时间有限，是到了雇一位部门经理的时候了。我同时还要管理建筑部门，以及整个企业的运营。还有谁能比约翰更适合部门经理的职位呢？

约翰得到了这次提升的机会。起初一切都很顺利。其他技术人员都喜欢约翰，这一部门的人员增加到了 10 位。一年之内，问题开始显现出来。他没能做好应该做的管理工作。他更不可能建立可行的管理制度。他是其他技术人员的朋友。不计其数的会议和讨论对约翰都毫无帮助。他没有成为管理人员的潜质。

我意识到，约翰只能是一位技术人员，经理对他来说只是一个空衔而已。然而，我还是认为由于我的时间有限，由其他人来管理服务部门总还是比我自己管理要好得多。

一天，约翰告诉我他要辞职。我解脱了。然而，当得知部门另外 8 个技术人员跟随他一起辞职时，解脱的感觉就被愤怒和震惊所取代了。留下来的只有两位新近招聘的缺乏训练的技术人员。一个拥有 10 位技术人员的部门顷刻就变成了只有两位技术人员的小部门。

　　此时正值夏日，一年中最不可能招到技术人员的时节。所有技术人员，甚至是技术水平最差的那些技术人员都在忙着工作。我们只能是"家有三件事，先从紧上来"。我们剩余的两位技术人员不分昼夜地工作，尽力去做本应 10 个人做的事。他们首先处理最紧急的工作；等最紧急的事情处理妥当之后，再去处理其他事宜。最令人头痛的问题是，他们缺乏经验，不能快速诊断和修复设备。他们必须快速学习！尽管我们的时间都被工作填得满满的，但我还是决定继续对他们进行培训。这是帮助两位技术人员获得更好地服务客户所需的知识的最佳途径。

　　需求旺季结束时，留下来的两位技术人员几乎筋疲力尽。他们在这段时间里，一周工作 7 天，几乎没有休息日。这次应对危机的结果是，他们成为了更好的技术人员。

　　不管怎么说，我们还是熬过了夏天，也没有损失很多客户。我们真诚地对待客户，如实告诉他们我们什么时间能够完成他们要求的工作。其中一些客户选择寻找其他承包商。然而，大部分客户还是欣赏我们的诚实，尽管他们在屋子里闷热难熬，他们还是坚持等我们的技术人员腾出手来为他们工作。

　　到了秋天，我们开始招到一些技术人员。我们还是有很多工作要做，而其他的承包商的业务则日渐清淡下来。我们的名声慢慢传开。尽管有许多技术人员前来应聘，我们却不能雇用太多的人。我们需审核应聘者的履历表，挑选那些能够很好地服务顾客的人员。

我们注重质量，重新建立的服务部门一直运转至今。我们花了 4 年的时间使部门恢复到了约翰辞职时的规模。

我 的 经 验

一个人是一位好员工并不意味着他就是一个好经理。做管理工作的技能与做具体工作的技能是不同的。

我经过很长时间才辞退约翰。我找不到代替他的人，因此我经历了糟糕的情况。

在艰难岁月里，如果我对顾客诚实，并说到做到，他们大多数会与我同在的。

如何在你的企业中应用我的经验

找到好的管理者是不容易的事。许多现任员工期盼成为管理者，但是他们并不知道如何成为好的管理者。如果一位员工不能做好管理工作，而你却让他去做，你会失去一位好员工，并会毁掉一个部门。给他们尝试做管理工作的机会，比如让他做一、两个星期的管理工作。让他们以做长期管理工作的姿态去工作。通过这种短期尝试，许多人会发现管理的门道。

即使你从外部引进一位管理者，你也必须与员工沟通。

作为企业主，他们需要从你这里得到信息。一定要让员工感觉到他们在为一家很棒的企业工作。客户，而不是管理者，必须是员工的衣食父母。这样，即使管理者离开，员工们也会安心地在公司工作，因为他们会认为公司是一个工作的好地方。

客户，而不是管理者，必须是员工的衣食父母。

9. 我们离关门大吉只差 6 个星期

匿名

寻找解决问题之道的过程是令人兴奋的。时间无疑是最好的途径。2001年初，我创办了这家公司，对于技术类企业来说，这一年是最糟糕的年份之一。我的公司只有两位技术人员和我。我记得有一次我与他们共进午餐时，我对他们说，"伙计们，我们的企业开始于最艰难的时期。如果我们能熬过这几年，长期来看，我们会赢来取得成功的好时机。"

3年之后。我们还未完全走出困境，但是我们开始看到令人精神振奋的曙光。

目前，我们拥有了30名员工，我们筹集了几百万美元风险投资，而且在未来12个月之内还可能筹集到更多投资。然而，在这一过程中，我们一度离关门大吉只差六个星期。

那两位技术人员在自己的家中展开了业务。他们找不到所需的技术软件，决定自己来开发。因此，他们辞去了工作，开始专心于开发工作，他们所开发的软件将成为我们公司最初的产品。一年半的时间，他们依靠为别人提供咨询服务来养活自己。他们做出了产品的最初版本，然后开始迷茫，"现在该怎么办？"

此时，我加入了他们。他们想筹集资金，而我则想寻找另一次创业的机会。我们筹集了 500 000 美元的风险投资，公司运营了一年。问题是，到了这一年底，我们的咨询业务没能继续扩展，而且我们也没能卖出任何产品。这样下去，我们六个星期后就要关门了。

正在此时，我们经人介绍认识了一位刚刚卖掉了一家高科技公司，挣了很多钱的人士，幸运的是，他了解我们正在做的工作。他也了解我们公司目前所处的状况，以及我们在市场上能有哪些作为。他不打算仅仅是利用我们。

他对我们说，"我可以投资，我们花一年的时间找出市场定位，找出竞争对手，看看有哪些进入市场的壁垒，作出完整的商业计划。然后看看我们是不是能找到风险投资。"

这正是我们所做的。2002 年末，我们准备第一次增资。我们的目标是开拓市场。我们想检验产品是否有市场。

现实是严酷的。我们对于风险投资世界来说什么都不是。当时我们规模小，市场前景不明朗，技术也未得到验证，客户很少，而风险投资家寻找的是他们可以压注的公司。他们关注的是，你之前是否有办高科技公司的经验？你之前是否赚过钱？这一经历对我们来说是痛苦的。

我不再是企业的头。那位帮我们拉到资金的投资家成为公司新任首席执行官（CEO）。他之前取得过成功，在风险投资圈里是个知名人士。我们签署的风险投资协议的一部分就是任命他为 CEO。风险资本家们相信他，要他复制自己以往的成功。

在风险资本家介入时，我们公司只有 7 位员工。现在，我们的员工达到 30 名。我们每年可能创造几百万美元的收益，其中 70% 来源于许可销售合同，30% 来源于专业化的服务。我们每个季度都能达到盈利目标，我们为取得的进步而欢欣鼓舞。

没有风险资本的介入，我们能够做到这一切吗？不能。我们牺牲了对公司的控制权，收敛了我们的骄傲。我们以牺牲对自己梦想的控制权为代价却看到了梦想变为现实。这是高科技企业的真实写照。

我 的 经 验

不要拒绝投资。如果什么人想要给我投资，那么就找一个合适的方法促成它。我要作出很大的牺牲。良药苦口。

许多企业家在处理有关问题上很天真。

这个世界并不是非黑即白。它是灰色的。随着我的成长与成熟，我会适应的。一旦我认识到这一点，我学会了如何调整我的想法和预期。

我的预期必须要现实。我会被风险投资家逼着去做事情，我会觉得难以接受。我要保持乐观，但要现实面对控制权之争，我目前对公司以及公司的发展方向有多少控制权，我未来又会有多少控制权，某一天我会有多富有，等等，这一切都会很快地发生变化。

我们以牺牲对自己梦想的控制权为代价却看到了梦想变为现实。

如何在你的企业中应用我的经验

你必须有客户。再伟大的想法也仅仅是想法而已。几乎没什么投资者在乎所谓的想法（包括那些要求得到控制权的投资者）。他们要看看想法是否能盈利。找到以你所能盈利的价格购买产品的客户，你获得投资的机会就会更多。另外，客户能为你运营企业带来现金流。

有时，你需要调整你的思路和行为，才能达成目标。如果"A计划"不能成功，那就试试"B计划"。第一个你所尝试的计划就能使你成功的可能性是很低的。

10. 我被迫创业

道克

Big on Leadership 公司首席执行官

我在 9 星期之前办了这家企业。我依然很兴奋。然而，在过去 9 星期的时间里，我经历了类似于生意关张带来的那种坐过山车般的亢奋情绪，以及由于"注定的事情"被取消所带来的偶尔的恐惧。而我正是从这种亢奋与恐惧中找到了自己的事业。

我在培训经理人，以及为那些"与他人协调工作，和谐相处"有障碍的管理团队提供帮助方面是专家。我有 12 年做经理人、培训者，以及促进者的成功经历。我想做自己的培训和演讲事业。我告诉我的前老板，雷，我的梦想所在。由于我对他开诚布公地说了我的想法，因此当他遭遇到他的教育中心的课程注册人数下降的困难时，他就比较轻易地作出了一个决定。当公司打算削减预算时，他把我叫过去，说："这是你的离职金。你现在可以走出去，追逐你自己的梦想了。"

尽管我对于被解雇这件事有心理准备，但当这一天真的到来时，我还是感到震惊。他要求我立即清理自己的东西。我说，"不！我不想因为此事影响我的朋友们一天的心情"。

难道我真的让他们看到我，一个 6 英尺 4 英寸高，270 磅的大汉，摇头叹息，眼泪在眼睛里打转的样子？他们不必离开。我却要离开了。难道要让我眼含热泪，声音哽咽地与他们说再见吗？我告诉雷我其他时间再来收拾我桌上的东西，我回了家。

接下来的星期一，我在雷吃午饭的时候见了雷，我清理了自己的办公桌，此时几乎所有人都在吃午饭，没有人看到我。随后，我还是很专业地给雷留了一个表达谢意的便条。他发了一个合约要我审核一下，按照这个合约，他们要求我来作培训。

最后，当我开着我那满载着各种盒子和笔记本的 SUV，走在回家的路上时，我感到备受打击。我必须要做些事情。我找到了我的银行经理，告诉他我的遭遇。她很帮忙！她为我的房子做了再贷款，给了我一些短期贷款，大大地削减了我每月的账单，这样我的现金流方面的压力就减轻了不少。我还有房屋按揭贷款。然而，她了解我，知道我善于帮助那些有协作障碍的管理团队。她为我建立了授信额度。我的压力进一步减轻了。

我仍然要筹集现金。幸运的是，我很快就发现了我的第一个客户，罗恩。8 个星期过去了，我没做成一个项目。我了解罗恩，我告诉他我可以拯救濒临崩溃的团队。他要求我做一个为他的销售经理们开团队建设研讨会的项目。

"这个项目应该是怎样的呢?"我思索着。我将想到的所有项目设计整合在一起。

我对于一小时要价一百美元而感到骄傲。当然,罗恩接受了这一价格,因为让他的人员接受培训对我和他都是新的尝试。项目进展相当顺利。

后来,我将我的项目提案给我最信任的朋友乔看,他是我的顾问,领导人培训师,我们要用他的农场作为我们销售团队会议的地点。他浏览了提案,问我为什么一小时收费一百美元。我也不是很清楚。只是因为,这一定价是个不错的数字,也是个不错的价格。他盯着我的眼睛说,"如果你一直这样贱卖你的经验,不出六个月你就得关门。"他给了我一份他所做项目提案以及价目表的复印件。他每小时的收费比我的一倍还多!

我该怎么办?罗恩怡然接受我的价格。

感谢上帝,罗恩是个讲道义的人,是一位值得信赖的朋友,他相信我的工作物有所值。在从农场返回的汽车上,我诚实地将乔对我说的话对罗恩说了。他连眼睛都没眨一下,就说,"我可以按那个价格给你"。于是我长出了一口气,我学到了一课。

在以前为公司工作的岁月里,无论我能否有产出,我都可以定期获得收入。现在,如果没有产出,我就没有收入。我完全靠自己。

我 的 经 验

每天发出一个项目提案。这一目标能为你带来好的工作机会。

加入你的潜在客户所在的行业协会。为组委会做志愿者。会见新成员。你的生意总是会在这些交流中产生。

在我进入生意圈之前，要与银行主管、注册会计师、律师建立良好关系。

要接受人们的帮助。

简化自己的生活，帮助我使公司稳定发展。我学会了集中精力做好主要的事情。

如何在你的企业中应用我的经验

阐明企业总体目标的商业计划至关重要。但是，你需要将总的计划拆分成每天可以实施的一个个具体的任务，这样你的总体目标才能实现。

你的银行主管，注册会计师，律师，以及其他一些专业人士可以帮助你。将这些专业人士作为成员组成一个顾问委员会。委员会成员至少一个季度碰一次面，来审查你们的目标，成果，以及你们哪些地方需要帮助。

在我进入生意圈之前，要与银行主管、注册会计师、律师建立良好关系。

与各方专业人士建立积极的关系有助于你的企业达成目标。他们对你的企业来说就像志愿的领导者，对于他们的建议，你应给予重视。

11. 我几乎崩溃

匿名

我做这家餐馆的总经理已经两年了，在此之前，我为以前的雇主们工作过7年。我总是觉得需要有人来真正关心企业。尽管我拥有化学学位，却喜欢经营餐馆，我想拥有一家自己的餐馆。我接触了这家餐馆的业主。他们经过考虑，答应让我买下这家餐馆。接下来的4个月，我经历了恐惧；我经历了情绪的大起大落；在这期间，我总是前一秒钟还相信自己能够拥有这家餐馆，下一秒钟又觉得自己得不到它了。

这家餐馆的前雇主称，如果我让任何人知道我们正在和他们谈判餐馆买卖的事，他们就会取消交易。他们还拥有另外两家餐馆，他们注重自己的名声。除了我的未婚夫，我没有告诉城里的其他人。

我找了个其他城市的人来帮助我，因为之前我从未买过一家企业，我根本不知道如何去做，或者如何去谈判。谈判陷入了拉锯过程，情况变得越来越糟。业主每天都会给出不同的报价。某一天，他们会要求我必须交保证金。过几天后，他们又会说，其他人也希望购买这家餐馆，但是他们还是愿意卖给我。他们开始推进谈判进程。我后来才发现，根本没有人付钱给他们。他们这样说，只是想让我付钱给他们。

实际情况是，这家餐馆根本就不赚钱。然而，这家餐馆地点很好，我知道我能让它盈利。我有好的顾客基础。我们可以依靠这一顾客基础经营。

他们在谈判中缺乏诚信。我们谈好的价格中，包含了所有设备、桌椅、装饰、食品和酒。我还必须联系房东以确保他继续将房子租给我。我终于发现餐馆里的所有东西（设备，桌椅等等所有东西））都属于房东。之前这家餐馆已经倒闭了，而在我与这家餐馆的前业主所签合同中，他承诺我会拥有所有的东西。结果是，我拿到的东西并不真正属于我。

我还是这家餐馆的总经理。这是我犯的一个最大的错误。我继续经营餐馆，同时还要努力完成谈判。这真是令人感到崩溃。即使是在紧张、疲惫、压力重重时，我也不得不面带笑容。

自从我打算购买这家餐馆，我就不得不申领各种各样的许可和执照。要开一家餐馆，你有非常庞杂的事情要做，要游走于不同的政府部门，而这些部门不会紧紧相邻的。没有人会提醒你，"要购买一家餐馆，这些事情是你必须要做的"。于是，我跑到商业区，但是却办不了想要办的事，因为办这件事之前，我要先办另一件事；比如，我没法得到我需要的一些许可是因为这家餐馆已经办过这些许可了。其中有一项，就是酒类许可证，这一许可证的发放在我们这个行业比较严格。我无法申请到。而这家餐馆的业主有这样的许可证，却没有交给我。我不得不驱车 3 个小时到州府，面对面地同他们解决这个问题。

类似的事情真是多如牛毛，整整一天都说不完。我当时不得不早晨 7 点起床，开着车在城里跑一整天，晚上还要工作。我还不得不表现出一切正常的样子。避开员工的视线去开会，签署文件，以及做所有有关购买餐馆的工作不是一件容易的事。

我已经与我的雇主和同事们共同工作了 7 年之久，所以我非常信任他们。这是我犯的第二个错误。我认为，他们会让一切在他们可以控制的范围内运转。

在我就要取得业主权利的前一星期，我要去纳帕溪谷出一趟差。我不想让我们这家以供应纳帕溪谷葡萄酒而自封的餐馆却不再供应这种葡萄酒。

当我与不同的酿酒厂的业主开会时，我接到了经理打来的电话。我的一位核心厨师由于与前业主争执，已经离职了。雪上加霜的是，她还告诉我酒类许可委员会给我发来一封信，她问我她可不可以打开看看。我说可以。那封信上说，他们再一次拒绝了我的酒类执照的申请。这是我就要入驻这家餐馆两天前所发生的事。我们以酒单而闻名，而现在却可能无法卖酒了。

在那一刻，我真的崩溃了。我的未婚夫从未见过我这样。他在与我相处的 8 年中从未看我哭过，他有些茫然不知所措。我差点晕过去。实际上，他到现在还保留着我向他咆哮的照片，拍这张照片时，我正在怒气冲天地对他说，我不能跟他出去吃饭。我当时真的没有时间出去吃饭。我没有酒类许可证，我所依赖的厨师也走了。我只想移居澳大利亚，我不想再干下去了。

我痛哭流涕，在吊床上昏睡过去。当我醒来时，未婚夫告诉我，他已改了吃饭时间，并取消了我第二天的所有预约。

之后不久，经理打电话过来说，那位厨师来电话说他周一回来上班。他只是与前任老板有矛盾，他对我、对酒店都没意见。

我拿不到酒类许可证的原因是因为酒店的前任老板没有交罚金。另外，我的经理叫我回去，说前任老板会交齐罚金的。

当我急匆匆飞回来，来到酒店时，酒店里的食品已经所剩无几。前老板非常吝啬。他每天都会从酒店拿走一些东西，到我回来时，酒店已剩不下什么食品了。我不敢相信我曾喜欢的一个人，一个曾建立了多家企业的人会从我这里偷东西。

之后，我来到酒类执照委员会，看看我们是否申领到了酒类售卖执照。一位女士说，"我们没有关于你的记录。"我说，"你什么意思？我弄了这么一大堆文件，我还做了这些，这些，这些。"他们少给我一张表。我还需要跑8个地方去找人签字。我要在距酒店 3 公里范围内找 10 个人签字同意我卖酒。

我差点晕过去。我猜那位女士看到了我脸上的表情。我感觉到血直往头上涌，眼泪在眼眶里打转，我几乎要发疯了。突然，一个男人问我，"你是某某（我的名字）吗?"

我转过头，回答说我是。他说他听说我买了那家酒店。那时，我确实已在报纸上登了声明。

酒类执照委员会的那位女士随后说，"我喜欢那家酒店，你真是做了件好事。"但是，我还是要把文件凑齐。不过这个小插曲避免了我在酒类执照委员会门前昏倒。

我离开那里，就直奔食品售卖许可部门。因为我停错了地方，我的车差点被拖走。当时，我只有一个念头，"我不想再干下去了"。我哭泣了。哭泣使我的情绪得以排解。我真是不知道下一步该怎么做。我已经在过去的 4 个月中，进行了无数次的磋商，做了一切计划要做的事情。我感觉自己几乎奄奄一息了。

我愤怒地开着车。交通很糟糕。我诅咒所有的人。我在车里大喊大叫。

突然，我意识到了什么。我立即停止了吼叫。一个想法从我脑子里冒了出来。这个想法对我来说意义深远，我闭嘴了。

这个想法就是：我很高兴遇到了所有这些令人头疼的事。我就要拥有自己的酒店了。在那一刻，我意识到所有这些都没什么大不了的。我能克服所有困难。我能够做到这一点，我为自己感到骄傲。我庆幸自己遇到了这么多问题，因为如果不面对这些问题，我就不可能拥有自己的生意。

我花了如此长的时间才意识到自己的潜力。所有这一切都是值得的，因为我拥有了自己的酒店。我这 4 个月所经历的恐惧、担忧、心慌意乱，都是为我成为老板做准备的。

在我之前的人生道路上，从未遇到过如此巨大的挑战。我之前所经历的事情没有什么能与我这 4 个月所经历的艰难困苦相比。目前，厨房已经开伙了，我可以平静而理智地应对，一切都按部就班地进行了。

通过在酒店工作，我学会了经营酒店。

我 的 经 验

我意识到遇到问题是我的幸运。这正是我现在对待问题的基本看法。当我对于某事或某人出现的意外状况感到歇斯底里时，我就会进一步想想，"作为企业主，有些问题我必须要处理。"现在，当我需要作出决定，需要作出改变时，我就去做。如果一个方法不能奏效，我就换个办法。

进行购买企业的谈判时，我应该从总经理的位置上撤下来。

通过在酒店工作，我学会了经营酒店。由于我反复学习了所有细节，因此这有助于我在经营酒店中盈利。

我非常热爱美酒佳肴。我热爱现在所拥有的一切。我也

热爱我的客户。我学到了很多关于如何培训雇员，如何处理

各项事务的知识。有了购买酒店的经历，我知道可以处理任

何可能出现的问题。

如何在你的企业中应用我的经验

有在与你想要拥有的企业类似的企业里的工作经历，对

于你的企业创办生涯是否成功至关重要。在为其他企业工作

的过程中，你会遭遇到与你自己创办企业时所遇到的相同的

问题。

如果你没有经验，那么就雇一位确实有经验的总经理。

这个人可以帮助你避免可能造成损失的失误。

要知道你的经验会使你具有处理所有可能出现的问题的

能力。当危机时刻到来时，你的经验越丰富，你就会越少情

绪化，越多理性。经验使你获得了自信。

12. 我看错了人

匿名

我是家族企业的第三代经营者。我祖父20世纪60年代末到20世纪70年代经营一家拥有五个莲蓬头分支机构的连锁企业。在我父亲找工作四处碰壁之后，他开始为我祖父工作。在为父亲工作期间，他在莲蓬头行业找到了商机，并开发了不少产品。起初，他雇了错误的人来为他开发这些产品。这家伙复制了所有的资料，包括供货商和关系户，开了一家与我们竞争的企业。这家企业对我们产生了强大的威胁，最终我父亲将他的前雇员逼入破产境地。我父亲之后又犯了同样的错误，这给他造成了严重损失。

我父亲继续促进企业成长，买下了他父亲的分支机构。可惜的是，他的父亲已经将公司的名称卖掉了，结果，也卖掉了公司的商标。他很快发现必须拥有自己的商标。否则，一旦商标被卖掉，就等于卖掉了你的资产。在企业持续成长的过程中，我的父亲又找到了新的商机，开发了另外一些新的特种莲蓬头产品。

在我父亲经营企业的早期，他雇了一个年仅16岁的人，之后这个人成长为公司的首席财务总监（CFO）。我父亲信任他，把他当作合作伙伴。将新的特种莲蓬头产品的20%

的股权给了他。由于我父亲信任这个人，将财权交给了他，这个人开始在钱上面做手脚，从他并不拥有股份的已经建立起来的盈利的生产线上挪钱来补贴新建的特种产品生产线，以便让他拥有股份的那条生产线看起来盈利状况良好。在这个人在钱上做手脚的过程中，我父亲还雇了一位产品开发专家，并给了这个专家新生产线10%的股份。这两个人合起伙来坑害我父亲。

此时，我已大学毕业，在父亲的企业里全职工作。当时，我们必须作出一个有关企业成长的决策。市场上有很多生产类似产品的竞争者。那个产品开发专家和CFO认为我们应跨越式发展，尤其是在新产品线上。

实际情况是，我们企业的运营模式不能支撑这种发展模式，因为过度投资的代价是高昂的。结果，由于我们同时开发了太多新产品，公司开始面临严重的资金短缺。我对那位产品开发者的评价是，并不是由于我们开发的产品差，而是由于我们同时将太多的开发产品推向了市场，我们的策略有误。

所有增长都建立在某些假设前提下，我们努力开拓市场，增长带来的收益用于扩大生产。由于在企业中有两个组织，我父亲控制的部分和CFO、产品开发人所拥有股份的部分在相互竞争，我们根本得不到投资。企业内部无人愿将两股势力合并起来。这样就产生了太多利益冲突。结果，当我们扩张时，无法支付供货商。

董事会依然继续进行扩张的讨论。我清楚地记得,在董事会上,CFO说,"是的,我们有钱开发新的产品,可以筹到资金"。我父亲没有理由不信任他。

事实是,CFO没钱,也无法筹到资金。他在撒谎,他只是把问题往后推。我父亲于1985年解雇了他。我父亲感觉像是一个家庭成员背叛了他。当CFO仅有16岁,还是个仓库管理员时,我父亲就雇了他。CFO在其成长过程中,表现得很有责任心,并帮助了企业的成长。

解雇CFO的过程就如同一场糟糕的、撕破脸的、卑鄙龌龊的、代价高昂的离婚诉讼一样。CFO想要毁掉我父亲。我也卷入了这场纠纷,尽管我没有最终决定权,但是CFO也起诉了我。由于这场诉讼,以及股东间的纠纷,我们得不到任何资金支持。这场诉讼持续了9年,价值1.5亿美元的企业宣告破产。我父亲申请了个人破产。公司不复存在。

我 的 经 验

我会从头再来。虽然这一经历是可怕而残酷的,却使我受益匪浅。现在我为大型制造企业,甚至家族企业做咨询。我也为其他想要成长的较小型企业做咨询。尽管我看上去只有28岁,但由于我所经历过的一切,我的见识与一个50岁的人并无差异。这一经历的确有助于我服务客户。这件事向我展示了人的本质,也的确使我管理人员和项目的能力得以升华。如果我没有经历这一切，我可能无法帮助别人避免犯同样的错误。

我现在不是每天都能见到父亲，这样我们之间的关系就不那么紧张了，实际上我与他的关系反而更好了。他又重新开始为企业做咨询了。

如何在你的企业中应用我的经验

相信值得相信的人是件困难的事情。即使某个人是与公司一起成长起来的，他也可能到达他不再胜任的位置。作出撤换他的决定是个打击。然而，企业如果想长期生存下去，就要毫不犹豫地换掉他。找一个适合他所在位置的人。

你必须经常审核资金状况，销售情况，公司的盈利情况，甚至还要安排一些人监督公司的日常运营中的这些情况。

家族企业面临的挑战是，当家庭成员在一起工作时，他们不能将工作和家庭事务区分开来。如果你发现自己陷入这一困境，应寻求专门针对家族企业的咨询团队来帮助你。

家族企业面临的挑战是，当家庭成员在一起工作时，他们不能将工作和家庭事务区分开来。

13. 我不能赊账

凯蒂

我通过从家里邮寄的方式卖婚纱。为什么不开一家店呢？1995 年，我开了一家店。我只有 1 000 美元，一个梦想，一个愿意将要成为我的合作伙伴的朋友。我的朋友是一位气球和花卉装饰匠，她会处理我们生意的最后一道工序。

我们找到一个营业地点，但是租金太高了。我没有我渴望拥有的赊账能力。我没法卖新婚纱，于是我打算继续邮寄方式来销售，这种方式是行得通的。

我的朋友说，"靠我们俩的力量，我们能负担得起。你来做新娘服装，我来做饰品。"我们开了商店。我们开业第一个月，她又跑来对我说，"我们负担不起了"，然后她就退出了。

我丈夫告诉我，如果要继续做这件事，我只能靠我自己，因为他不想把钱投到这件事情上。我感到不寒而栗，但我还是做了下去。更糟糕的是，我丈夫有很强的赊账能力，而我却根本没有赊账能力。我需要——不，是渴望——拥有自己的赊账能力。我创立并使企业运营了四年半的时间，支付所有账单，我撑了下来。

我每天都诚惶诚恐。每个月都担心自己怎样才能撑下去。不管怎样，总是有人送个大订单来挽救我。

由于我们只是个邮购商店，不怎么做零售，因此我的销售都是按订单来做的。经常有人打电话过来说，"我15分钟内就到。"如果我恰好不在店里，我就必须赶到店里，但是有时打电话的人却并没有来。太让人崩溃了！我跌跌撞撞维持了6个月。我很快意识到，开一个商店和我在家里做点小生意是完全不同的。只靠口口相传，没有广告，没有零售的驱动，生意进展会缓慢。

6个月后，我走运了。一个报社记者打电话给我。她对我，我的商店，以及婚纱背后的故事感兴趣。文章出现在我们当地报纸的星期日生活版。我的电话开始响个不停。

这件事拯救了我。我不愿在公众面前抛头露面。我处于产业链的末端。但是，我的名字在电话簿上，人们会查到我，给我打电话。终于，我有了常规的预约订单。

现在，我要在赊账能力方面作出努力了。我想增加新的婚纱。每次我向一家公司申请赊账时，他们总是问我目前有哪家公司给了我赊账权。没有公司给我赊账权。没有任何一家公司愿意首先赋予我赊账权。

经过多次尝试，多次碰壁后，我在一次婚纱展上遇到一家公司，终于首开先河。他们喜欢我！我向他们提出申请，他们终于同意赋予我赊账权！我终于开始建立自己的赊账能力。一旦我开始赊账，并如期支付账单后，一切开始变得更容易。我发现了第二家，第三家，最后厂商竟容许我以赊账购买存货。我终于达到目标。

在我达到目标不久，戴维德新娘来到我们城里。他们有零售点，他们打了很多广告，有很多生意。我不想与他们竞争，于是我决定经营了四年半之后，关掉了我的商店。

我 的 经 验

如果你坚持到底，你就能达成目标。找出应对问题的办法。

信誉很重要。自我开新娘用品店以来，我良好的信誉对我帮助很大。

如果你坚持到底，你就能达成目标。

如何在你的企业中应用我的经验

企业建立和保持良好的信誉对于企业的成长至关重要。起初，你也许要与要价比较昂贵的供货商打交道，但是你之后要建立自己的信用（赊账能力）。当你未来几年需要使用信用时，你所建立的信用就会至关重要。

在你所在区域出现的新的竞争者对你企业的生存是个威胁。如果你的竞争者是在全国都有知名度的成熟企业，你必须找到与其竞争的方法。你必须找到竞争对手不具优势的市场空白点，或者提供竞争对手不提供的服务。你也可以将你的企业卖给竞争者，或者关掉自己的企业。不管怎么说，你总得针对竞争对手有所作为。如果你找不到在竞争中生存下去的办法，你就必须找到可以获利地关掉你的企业的办法。

14. 我恨透了我买的企业

吉姆
Applied Staffing 公司首席执行官

我曾买过一家企业。我也创立了一家企业。结果是,我恨透了我买的这家企业。这也就是我为什么在卖掉了我恨的那家企业之后,又创立了一家企业的原因。但是,在拥有我所钟爱的企业 Applied Staffing 之前,我却不得不在我仇恨的企业中经受煎熬。

我曾担任一家大型工业品分销和制造公司的首席执行官和总裁达 13 年之久。大多数年份,我的收入都达到数十万美元。我就想做点不一样的事情。

一天,我回到家,告诉妻子我要辞去工作。她度过了她的艰难时刻。她走出家门,买了一袋子奥利奥饼,回到家就开始努力地吃起来。之后,我得到了她的支持。

我们要购买一家企业。我到处寻找,购买了一家自动售卖公司。我在为企业创造商机方面从未遇到过问题,比如,做销售。

我购买了一家销售额可以达到 20 万美元的自动售卖企业。在我做那家分销公司的 CEO 时,电话铃总是与好消息联系在一起:订单,项目,等等。但是,在这家自动售卖公司，电话几乎从来不响，好不容易来一个电话，却总是听到负面消息。我们处在困境中。有人要求退货，有人要求退款。钱被偷了。负面消息接踵而来。尽管不断有负面消息，我还是打算3年内将销售额增长到200万美元。

开业之初，我缺乏资金，我不得不依靠自动售卖机制造企业为我融资。为此，我付出了巨大代价。

你会发现在自动售卖行业开销最大的一项就是购买设备。购买一台设备要花4万美元。当你与客户签订合同，而他要求在他的销售点放置一台售卖机时，你就要去买一台售卖机。如果客户改变主意，取消了合同。而你已投资了4万美元，你还要持续为这台机器支付5年之后才能收回这笔投资……这台售卖机就会一直躺在你的库房中。我恨透了这件事。

我还遇到另外两个问题。第一，你为购置这台设备贷了款，你还要支付高昂的利息。第二，由于你要支取很多现金，银行会收取处理硬币的费用。我们要每月支付1 000美元来换取银行为我们处理硬币的优先权。因为我对这一行业的无知，我对这些细节根本不了解。这些都超出我的预期。

如果有人打电话请病假，我就需要接手他们的日常工作。我扮演着消防队的角色。进入这一行业6个星期之后，我就知道我恨这个行业。然而，我还在努力使一切运转正常。我参加研讨会，学习如何将一个负面的来电变成一个正面的机会。要让客户明白选择你的自动售卖服务是正确的。我就这样运营了两年。

当企业开始成长时，我还是没有一分闲钱，因为我要不断地购买设备。另外，随着机器数量的增长，我们需要将更多的现金放在机器里。我还是没办法挣到钱，钱都压在了机器上。

我又坚持了 3 年。我开始尽心去寻找我真正想干的事业。不久，一个家伙联系到我，他打算购买自动售卖公司。我正好打算放弃这一行。我将企业卖给了他，我没有挣到什么钱，但也没有损失什么。

我发现购买一家企业，也就等于购买了别人的一堆麻烦事。我确实从运营这家企业的过程中学到了许多经营企业之道。当我创立 Applied Staffing 时，这些经营之道帮了我的忙，Applied Staffing 做得非常成功，盈利状况非常好。我热爱这个企业。

我 的 经 验

有时候，坏事情的发生可以教导我未来不要犯错误。

尝试将有负面影响的事情转化为有正面的影响的事情。如果我确实无法扭转，那么就是作出其他选择的时候了。

如何在你的企业中应用我的经验

仅凭一时冲动，未经调查研究就创办或购买一家企业是相当危险的。在你想购买的这类企业中工作一段时间，看看你是否喜欢这一行业。如果发现你不喜欢，那么就不要购买这一行业的企业。

即使你不喜欢你已拥有的企业，你也要找出使它盈利的办法，以便你可以卖掉它。为卖出企业建立一个时间表，要确认本行业中的企业是怎样被估值的。然后，努力工作，尽量让你的企业估值达到最大化。这样，在卖出企业时，你就能得到更多收益。

仅凭一时冲动，未经调查研究就创办或购买一家企业是相当危险的。

15. 我被解雇了

西尼

Office Helper 企业主

20 世纪 80 年代末期，我任职于一家公司做会计。在我的社区，我是既懂计算机、又懂会计的少数几个人之一。我能用程序查找会计系统中的小错误。

两个星期之内，我就告诉老板错误已全部修正，他"解雇了我"，因为他认为不需要全职会计。最重要的是，他解雇我时，我只差几个星期就做满一年了，这样，我就拿不到事业补偿金。他解雇我时，简直就把我当成了一个罪犯，当我收拾自己的东西时，他让一个人就站在我旁边监视我。

这件事让我丧失了信心。之前与之后，我都从未被这样对待过。我怒发冲冠地回到家。那个老板毁了我，我快要气疯了。在家里，我对我丈夫说，"好吧。我再也不为其他人工作了。"

我丈夫一直鼓动我做生意。他说，现在正是我们开始做生意的时候。但是，我们还是需要出去工作来应付日常开销。我找了份临时工作。我白天去上班，晚上则忙自己的生意。为了寻找我的第一位客户，我们作了一些宣传。我丈夫在一个工业区一家企业一家企业地游说。他发现有一个业主对我们感兴趣。他就多去了两次，那位业主终于同意星期六见见我。当时，他的企业才开业 6 个月。

20 世纪 80 年代末，家庭企业并不常见。他问我们的房子是租的还是买的。我告诉他我们当时是租的。他说我们租房让他紧张，他认为这样就没有什么东西可以阻止我打起包裹走人。我盯着他说，"我来问你个问题。租住宅和租办公室有区别吗，大多数人都不是他们自己办公场所的房东。比起把整个家当打包起来跑掉，放弃一个租来的办公场所不是更容易吗？"

他说，"说实在的，我之前还从未这样想过。"他雇了我，15 年后，他还是我的客户。我丈夫不再挨家挨户去推销了。他认为他找来一个客户就足够了。

事实证明，他是对的，尽管事情进展的不像他预期得那么快。我的第一位客户介绍来了第二位客户，接着第三位客户。

没有想到的是，我怀孕了。由于我以前得过早期妊娠并发症，因此我不想再增加新的客户了，也不想再拓展业务了。同时，我们还是需要日常收入。我不得不继续做一些临时的工作，虽然我不情愿做。

在我宝宝两个星期大的时候，我的一位在卫生保健行业工作的女朋友发现有一个退休人员社区需要人来帮助做会计报表。我去了这个社区，与他们进行了交谈，获得了这份会计工作。这真是太棒了，我再也不需要去打零工了。

从此，我的生意以几何级数增长。我还是坚持出去工作。我买下了老年保健医疗和医疗补助申报业务。自从我丈夫瘫痪以后，他就不能工作了，我现在成了家庭唯一的经济支柱。

倔强的性格使我成功。我认为许多人会选择放弃。但是，我只要开始做，就坚定地做下去，我将来也会一如既往地坚持这样做的。成功是最好的回报。

我 的 经 验

墨菲法则。防患于未然。只要我没有丧失信心，继续前进，我就能渡过难关。我能战胜一切困难。但是别把事情想得太简单。

当我开业的时候，我对财会方面有所了解，但是对企业经营一无所知。我阅读能够得到的所有有关书籍资料。我对阅读很在意。后来的实践证明，我在开业第一年中所学到的许多东西都是对的。

如何在你的企业中应用我的经验

要不断学习。途径之一就是参加协会。也许在你进入企业界时，你有一技之长。但是，一技之长并不能教你如何运营企业。当你加入你所在行业的协会时，你会认识许多可以

成功是最好的回报。

在运营企业方面对你有所帮助的人。你会了解运营良好的企业，你可以从中学习。如果协会为同档次的企业组织小组，那么就加入这类小组。这些小组会将目标相似，规模相似，但地理距离相距颇远的企业主组织在一起。在这类小组中，成员相互之间没有竞争性，因此，你可以与小组成员分享好的事情，坏的事情，以及业界的一些潜规则。大家还可以分享财务报表，并在业务上互相帮助。

另一个不断学习的途径是，每天花一些时间阅读与业务有关的资料，或者在互联网上看一些与业务有关的节目。

16. 边际收益太低了

埃里克

我正在经营着一家草坪维护企业，为了拓展业务范围，我想开展草坪养护业务。维护和养护有什么区别？简单地讲，草坪维护业务指的是修剪草坪这样的工作，而草坪养护则是给草坪施肥这样的工作。20世纪90年代末，由于草坪维护业务的边际收益下滑，而草坪养护的边际收益却非常高，我准备扩大我的业务范围。

我发现了一家草坪养护企业。企业主对这家企业厌倦了。他已将这家企业由小打小闹发展为拥有125个客户账号的公司。这家企业拥有响亮的品牌和著名的商标。我出了一个价，业主同意了。

我的想法是，"如果我能把这家公司的业务做上去，我最终可以把我的草坪维护业务卖掉。"我制定好了商业计划。我开始做市场，打广告来增加业务量。我增购了一些卡车和设备。我预计我们在两年之内就能做到2 000个客户账号。我错了。

在第一个季度内，我们公司的客户账号已增加到了400－500个。我的计划正如期实施着。随后价格跌到了最低点。我们的工作濒临险境，人们不再想在草坪养护方面花钱了，除非他们不得不这么做。而人们还是需要草坪维护业务。人们连修剪草坪这样的服务都不太情愿要。更何况是给草坪施肥呢？情况就是这样。

这样的情况对我们造成了损害。较大的企业将他们的价格减半。我们还是打算将我们的客户账号发展为 600 个，但是边际收益下滑严重。我们之前在养护业务上有很高的边际收益，在维护业务上的边际收益很差，而情况在眨眼之间就改变了。

公司还是盈利的。但是这种盈利状况与我们野心勃勃的梦想相去甚远。我们还能复制之前的辉煌，由 600 个客户账户发展到 2 000 个客户账号吗？不能。

现实是，我对这一事业不够热爱。我对它没有激情。我不会说，"不管利润如何，我就是喜欢让草坪变得绿油油的"。

我们无法再使业务继续成长，因为实际情况超乎我们的设想。我们在市场营销方面花了很多钱，但是并没有得到足够的回报。

我必须尽快作出决定。我能挽回局面吗？不能。大企业会吃掉我。尽管我自认为，我用的是最好的肥料，客户却并不在乎这一点。他们看不出差别。他们关心的是价格。

我必须转变思路。我作出了决定，我认为是时候让大企业吞掉我们了。我不想，也不能与他们抗衡。

大企业对什么感兴趣？我们与客户的合同。于是，我努力去获得与客户的合同。价格并不重要。我们又多了 100 个客户，然后我们把企业卖给了竞争对手。

我 的 经 验

防患于未然。随机应变。由于我们善于洞察问题，作出反应，进行调整，我们大大减少了恐惧。

随机应变。

观察我的竞争对手。根据他们的所作所为作出反应。

如果我能在一、两年内盈利，我是幸运的。

如何在你的企业中应用我的经验

监控你的商业计划的实施情况，你能及早发现机会，也能在大的危机发生之前就预见到可能到来的威胁。当你预见到威胁时，必须采取行动。要密切关注你的客户。如果他们停止购买你所供应的商品或者服务，就要弄清楚为什么？看看你能不能为他们提供不同的商品与服务？如果回答是肯定的，那么你就发现了另外一个盈利渠道。如果回答是否定的，你就必须寻找新客户或者其他生存之道。

密切关注你的竞争对手。他们的定价策略是怎样的？你的定价策略能与他们相抗衡吗？如果不能，也就是说你能盈利的价位高于竞争对手的价位，那么你就必须将你的价位设定为你所能盈利的价位，但要为顾客在这一价位上提供更高的附加价值。

如果你没办法吸引更多客户，保住现有客户，或者"展开竞争"，你也许就应将你的企业卖给竞争对手。

17. 我得了心脏病

马克

我当时承受着巨大压力。我的家庭出现了问题。我的建筑工作也出了问题。在一天晚上的曲棍球比赛中，我发作了严重的、心脏大面积坏死的心脏病。这完全是出乎意料的。我当时只有 35 岁。现在看来，我当时所遇到的只是一点"小问题"。我没有心脏病史；我的家庭成员也没有。这完全是个意外。

心脏病使我整整一年什么事情都干不了。真是很糟糕。

在我得心脏病之前，我对金融业感兴趣，参加了相关课程的学习。我开始这样做的原因是，我曾尝试向一些财务顾问求教，但我不喜欢这些人。我想我应该自己去做这件事，于是我就开始参加相关课程的学习。

在什么事情都不能做的这段时间里，有人会找我问些关于如何管理他们的共同基金和退休金的问题。我觉得既然我可以免费为别人提供咨询，我也许可以利用我的优势来开创一番事业。我申领了执照，办了一家企业。我认为做一名企业主压力会小一些。

可惜的是，我发现运营一家企业带来的压力和得异常心脏病一样可怕。我发现办企业遇到的最大挑战就是财务问题。资金从哪里来？我在建筑业工作时根本不存在这样的问题，每周我都可以拿到定期收入。如果你生病了，就像我一样，你可能被解雇。当你雇用自己时，如果不工作，你就没饭吃。这就是我由为别人的企业工作转变为企业主所承受的最大压力。我所遇到的挑战是事先根本没有想到的。

那么为什么我还要继续做下去？这是因为我能够看到它的意义。我可以影响人们的生活。我没能完成我的财务认证课程。我决定以其他方式帮助他人。我打算帮助人们减轻压力，让他们不要像我一样在35岁或者50岁时得心脏病。

我的激励演讲和培训业务让我想起以前受雇于建筑业时的情景。在我的帮助下，世界上最大的圆形体育场建起来了。当我操作起重机时，感到压力很大。当我完成了这一大工程时，这一建筑就会一直矗立在那里，我可以在其周围漫步，很多人都可以享受它带来的快乐。

现在我所作的演讲或者写作的工作与我以往所做的建筑工作本质上相同。人们之后会对你诉说你对他们产生的影响。我觉得我正在帮助建造一种不同类型的建筑，能够在这些建筑物落成后看到它们产生的影响。

我 的 经 验

无法控制压力会杀了你。我是幸运的。我得到了第二次机会。我利用这次机会做我自己喜欢的事业，尽管一度经历财务危机。我享受着每一个小时，我可以毫无压力地陪我的女儿玩耍，这是我应该做的。

做那些有影响力的，并且有激情去做的事。以此出发来发展我的事业。

如何在你的企业中应用我的经验

如果你不喜欢你的事业，那么就找个办法把你不喜欢的变成你所喜欢的。如果你不这么做，你就要计划如何退出了。拥有、管理和发展一个企业需要承受压力，需要比普通雇员工作更长的时间。大多数情况下，你不得不享受这样的时光，期待每一天的到来，期待挑战与收获。

要从顾客那里得到反馈。他们会告诉你是否满足了他们的需求。如果你满足了他们的需求，那么继续这么做，并请他们帮你推荐其他客户。如果你没能满足他们的需要，就向他们询问意见。他们通常会告诉你他们想要什么。根据这些建议，把负面的反馈变成正面的反馈。

做那些有影响力的，并且有激情去做的事。

18. 一个强大的竞争对手打算除掉我

高登
Med-Pay 公司首席执行官

    Med-Pay 公司是一家为那些为自己的医疗计划自我融资的企业提供第三方管理的公司（TPA）。我们公司为客户处理索赔程序和购买再保险以便在灾难发生时减少损失。克林顿在位的时候，他提出了普惠健康保险计划，规定员工人数达到五千或者五千以上才能不参加这一计划。当时，我们最大的客户有三千员工，我们大多数的客户只有两百名左右的员工。

    如果这一健康保险计划实施，我们公司的业务就不合法了，所以我们要寻找一家拥有保险公司的合作伙伴。我们发现了一家 Humana 公司，并开始与他们沟通。通过谈判，我们将 Med-Pay 公司卖给了他们，尽管克林顿的健康保险计划被搁置了。我们曾认为管理健康保险体系是我们的特长，但实际上我们并不适合这样的运作模式。

    我们在 Humana 公司内部运营了两至三年。经过三年的合作之后 Humana 公司打算转让 TPA 业务，给了我们买回公司的机会。我们做到了，然而，一家我们曾经与之签订合同的健康照护保险供应商购买了依照克林顿健康保险提案所构建的整套体系。结果，他们买走了所有的医生，建立了他们自己的保险公司，由于我们是他们的竞争对手，他们还试图阻击我们买回 Med-Pay 公司的行动。

实际上，他们还对所有用他们医生的我们的客户说，如果他们还与 Med-Pay 公司在一起，就不会再给他们折扣价了。我们的一些客户问他们为什么，他们给不出合理的回答。我相信他们就是妄想消灭竞争。

我们的一些客户觉得不能再与 Med-Pay 公司在一起了，因为他们不想由于更换健康保险供应商而在员工中引起骚动。另一些客户则告诉这家健康保险供应商他们这样做不对，然后离开了他们。我帮助这些客户找了城里的其他医院与他们签约。

我们的处境相当困难。最糟糕的事情是，当我们以最低的开价赢得了一个政府部门的合同时，这家健康保险提供商就告知这个政府部门如果要用他们的网络，它就不能用 Med-Pay 公司。

我试了所有的办法。我在那家健康保险公司所在地见了他们的一位新来的家伙。我告诉他我们想要的就是彼此尊重。我们肯定不赞同他们的所作所为，但是我们必须保护客户的利益。我的立场是，我们还是要尝试与他们合作。

他们的行政官员说他们不得不对公司的情况逐项审查。我告诉他如果我们的业务再有损失，我们就起诉他们。我真的不想这么做。然而，想要拯救 Med-Pay 公司，真的别无选择。

他喷了一口烟，说道："你要起诉？我们可是一家大企业。"

我回答，"我找到一家律师事务所可以置你于死地，他们可以免费做这件事。我不会损失什么，只是要花些时间陪你们玩玩。"

之后，我让律师全权处理这件事，问题在 7 天之内就解决了。为此，我承受了 6 个月的压力，经历了 6 个月的不眠之夜。

这家健康保险供应商只是想消除竞争。我们在很短的时间里就损失了 30% – 40% 的业务量。我们依然兴旺发达，但是当时的情形实在是难以忍受。我在 6 个月内老了 10 岁。

不要私下里作业务决策。

我 的 经 验

努力让客户离开我们的那个人失败了，他提前退休了。我们生存了下来。我不是说就是这件事迫使他离任的，但这是个重要因素，因为这件事出现在了我们地方报纸的封面新闻里。

如果我诚恳、公平、正派地待人，我所得到的奖赏肯定远远多于打击。

不要私下里作业务决策。

有时，如果知道自己是对的，威胁使用法律手段是最后的杀手锏。你不想这么做，但是如果你已尝试过所有其他办法（我就是这么做的），你已别无选择。那么就只能拿起法律的武器。

祈祷，配偶的支持，以及一些好朋友会帮助我渡过难关。

这次经历真的给我上了很好的一课。然而，我意识到一些人并不想卷入争端。我们生存了下来，重建了公司。坚持不懈，尝试做正确的事情帮我渡过了难关。

如何在你的企业中应用我的经验

要一直明白你对你所在的社区有什么影响。人们想要被公平地对待。如果你的企业被认为是欺行霸市的，那么你很难消除人们的这种印象。如果你真实地面对媒体，不要对他们有所隐瞒，他们会成为你的朋友。

许多大公司会努力消除竞争。你一定要让你的客户或者潜在客户知道用你们公司的产品和服务要比用更强大的竞争对手的产品和服务得到更多实惠。不一定总要打价格战。许多时候，人们愿为更有价值的产品和服务支付更高的价格。

19. 我生病了，无法工作

尼特

MO's 公司总裁

我创办了一家咨询公司，业务是写商业计划书，和吸纳中小企业的资本。我热爱这一行，我的客户群增长迅速。2001年，我在为一个新市场风险基金申请一大笔基金。这项业务令人兴奋，最后期限已临近。

我的语音信箱总是满满的。我的压力很大，我一天要工作14-22个小时，于是我开始大量服用雅维（解热镇痛药）。由于我处在紧张与兴奋交织的亢奋状态，我无法入睡。我既不用毒品，也不抽烟喝酒，因此我以为我的健康还顶得住。

我的朋友和家人开始担心。他们看到我的健康状况正在恶化。他们拖我去看医生。我觉得他们大可不必担心，因为"我根本就没问题"。我必须工作。现在回想起来，真是要感谢他们的坚持。我的7位家人和1位好朋友连哄带骗地逼我去见了医生。

经过多项检查，我被诊断为躁郁症，并入院治疗了一个星期。我的整个生活，包括我的生意都停滞下来。医生没有给出我重返工作的时间表。

住院期间我感到惶恐不安。我认为我不在时，没有人能够接替我。我的自信心受到打击。我感觉好像世界末日到来了，我失去了目标。对我来说这一遭遇唯一的好处是，我能够理解人们在一个有时像监狱一样的地方接受治疗，周围只有酒鬼和瘾君子可以交谈时的感受。

在整个治疗过程中，我休息、祈祷，听取专家的忠告。渐渐地，我找回了我的生意，也找回了我的生活。我肯定不能完成那笔基金的申请了。

我的公司需要生存下去。在我为期一年的治疗期间，我与一位我崇拜的天才人物建立了联盟关系。我慢慢地开始接待更多客户，又开始写商业计划书。

受益于我为客户写商业计划书的工作，我又办了一家公司。我经过研究发现，由于音乐和艺术课程从学校的正规课程中删除，学生的行为发生了变化。我已有了音乐、出版、艺术行业的企业客户。我打算把以上三者结合起来，开发艺术与音乐的潜在价值。另一项研究显示对一个人行为最具影响力的是与他关系密切的那些人：母亲，父亲，伯母，或者保姆。所以，MO's 的客户是真正的"甜甜圈一族"，他们的年龄在 17 – 75 岁之间。

我的勇气基本是来自于上帝的启示。他把里克·沃伦的书，《生命的驱动力》放在我和许多人，以及祈祷者的手中。我不玩高尔夫，但是对高尔夫却略知一二。人们所说的完美一击是指球正好触到球杆的甜蜜点。我真的感觉自己触到了上帝的甜蜜点。

我明白公司需要资金。我决定用我的部分退休金来冒险。我要"脚踏实地地开始干了",这对我来说意义重大。我的第一位顾问对我说,用退休金买自己公司的股票可以免税。我计划购买公司股票,并放在我的退休账户中。她错了,我为此支付了10%的罚金。然而,我忠于我的事业,这对于我和其他人一样意义重大,它使我的生活有了目标。我所遭遇的健康危机让我看清了我真正想要什么,我现在还在做着我想做的事情。

你必须有应对灾难性事件的应急计划。即使你希望永远不会用到这一应急计划。

我 的 经 验

健康很重要。如果我感到压力巨大,那么在我因此而病倒,无法工作之前就要找出困扰我的问题。

当我运营自己的企业时,调查研究是至关重要的。要向多位顾问提问,然后经过自己的考量,选择其中较好的建议。要寻求他人的建议。

如何在你的企业中应用我的经验

你必须有应对灾难性事件的应急计划。即使你希望永远不会用到这一应急计划。然而,要防患于未然。这一计划应包括:如果你企业的管理者或者你自己逝世、生病、丧失行为能力或者瘫痪时,企业应如何应对。

　　另一个应急计划应描述当发生火灾、流血事件、飓风、台风或者其他情况使你无法进入办公场所时，应该怎么办。一定要有所有计算机程序和数据的备份资料。客户名单很重要。如果你的办公场所无法提供产品和服务，只要你手中还有客户名册，以及潜在客户名册，你就能重建公司。

20. 我之前没找到客户

保琳

我的丈夫在参加罢工，我需要一个项目让自己忙起来。我刚刚收到了一份礼物，是一套水彩颜料。我开始绘画，画一个荡秋千的小女孩。夜晚，躺在床上，我记起了自己5岁时的一个誓言。我要写一本儿童书。

我写了一本书，我丈夫帮我做了500个玩具狗。这些填充玩具是与那本书配套的，它们可以让孩子们阅读时，将注意力集中在所读到的故事上。这一部分工作是比较容易的。也是我的热情所在。现在我要把我的热情转移到市场上去。

我买来电脑、扫描仪、打印机、传真机；所有这些办公设备我都不熟悉。我从未用过它们。现在，我要用了。我感觉自己就像一个去医院用各种医疗工具为病人做手术，却还没有行医执照的医生。我一点头绪也没有，但我想如果别人能用，我就能用。我下定了决心。

我去了加拿大政府的小企业局。一位来自皇家银行的官员接待了我。她给了我们获得贷款的路线图。她帮我们制定了商业计划。我在路上看到一家银行写着一个标语，"如果你要创办一家企业，来找我们吧"。我想进去一试。我并不指望这家银行能给我贷款。但是，我真的拿到了贷款。现在，我已经上路了。

我于 2001 年 3 月开业，2001 年 9 月，书和玩具小猎犬送上门来。我处境艰难。情况比我想像的艰难得多。我必须去寻找市场。我必须挣钱来还贷款。

我对所有事情了如指掌。我心中有数。我知道我想要什么。但是，我没有销售额。我永远乐观的天性一直在对我说，"每次只做一点销售就行"。

我没有失去信心。然而，直到我有了销售，挣到钱之后，危机才算过去。我生产了第三种产品：一张搭配书和玩具小猎犬的光盘。现在，我的产品包装更大，我的债务也更多。

我丈夫非常支持我。如果没有他的支持，我也许已经放弃了。我过去，现在还是，入不敷出。但是他从未说过"我要你放弃"这样的话。

头脑风暴到来了。我走进学校的讲故事时间。我用我的产品做互动工具。孩子们为书中人物的脸上颜色，就可以得到一只玩具小猎犬。与学校的官僚体制打交道是困难的。进入学校的交涉花了很长时间。但是，我正在看到进展。孩子们听故事和看到产品时脸上的表情激励我继续前进。

我曾精神紧张，惊慌失措，忧虑，兴奋。我的情绪起伏不定。

我终于还是想明白了。我把创办企业的过程想像成我的新婚之夜。我已结婚 35 年，我的婚姻很棒！我希望我不需要等太长时间就可以从我的生意旅程中收获。

我 的 经 验

与那些态度正面的人打交道。发现可以激励我的人。负面的态度会使我情绪低落。

做我必须做的事。为还贷款，我每周还要在美容院工作两天。我可以灵活安排时间，来照顾我自己的企业。

我喜欢挑战。我告诉所有人总有一天我会做出一番事业的。当我有一个目标时，就要坚持到底。

发现可以激励我的人。负面的态度会使我情绪低落。

如何在你的企业中应用我的经验

在生意上有什么不懂的地方，要寻求帮助。许多行家里手可以帮助你。在研讨会和专题讨论会上你也许可以获得有用的信息。有些时候，你需要你所在领域专家对你进行一对一的辅导。第三个选择是找一个与你没有竞争的企业主进行交流。许多时候，他可以通过与你分享经历来帮助你渡过难关。

想办法为你的客户提供关联产品。多数情况下，这是增加收益的快捷方式。让一个老客户更多地购买你的产品是相对容易的事。一位新客户的购买量不会像老客户那么多，因为他还没有和你打交道的经历。

21. 客户不明白为什么要使用我们的产品

加里

科罗拉多州斯普林斯科技企业
孵化器总裁兼首席执行官

我是一个改革企业家。从 1979 年到 1999 年，我创办了
3 家软件企业，将其发展为可观的规模，并将它们卖给了上
市公司。当我生活的科罗拉多州决定建立企业孵化器时，我
参加了 CEO 的角逐。现在，我可以为技术企业的初创提供
经验和指导。

没有政府的帮助，我的第一家公司就无法建立。我创办
第一家软件公司的申请获批之际正是 IBM 个人电脑刚刚问
世之时。我们为银行开发了一个应用程序，这一程序由原来
应用于大型机的程序修改而成，修改之后它可以应用于 IBM
个人电脑。这一银行业的应用程序可以预测利率对银行财务
报表、现金流，以及其他受利率影响的业务的影响。

我们于 1979 年进入这一行业，当时只是一家利用风险
基金的初创企业的一个小部门，最终计算机辅助管理公司购
买了这家企业。计算机辅助管理公司认为我们这个小公司与

他们的整体规划不符，于是我们融资购买了我们的小部门。查尔斯帮我们进行了融资购买。在我们只有 6 个客户的情况下，所有创始人都在融资购买合同上签了字，所有人都将钱投了我们的新企业。

我当时大约 32 岁。我将所有的储蓄，两万美元都取了出来，投入到新企业中。我当时是单身，我想，"好吧，这是我的机会"。我当时没有意识到我卷入了怎样的事业。我是公司的创始人，我负责营销。创造收益是我的责任。我就是公司的饭票。

问题是，银行虽然喜欢我们这个利基公司提供的小软件，但他们认为并不需要。大多数银行会说，"这确实是个不错的软件，但是我不必用它，那么我为什么要买它呢？我现在正忙得焦头烂额，所以你为什么不 6 个月之内再打电话过来呢？"

我有银行真正需要的非常棒的产品，但是他们却认为自己不需要它。我不得不学着在一个不喜欢变化和新思想的传统市场中进行传教式的销售。

资金开始短缺。许多次，我们发工资时，大家都眼睁睁地等在那里，直到我们找到足够的钱给自己发工资。更糟糕的是，我们的房子都作了抵押贷款，我们承担着极大风险。

我们没有拿到任何风险投资。我们申请并获得了小企业委员会（SBA）的贷款。SBA 的要求是创始人只能拿一定数量的钱。他们在我们的工资上设了限制，这一做法对我们来说没什么问题，因为有时候我们根本就拿不到工资。我们的生活捉襟见肘，曾有几次，机会已经临近了。

我们继续艰苦度日。我们需要集中所有的力量。我们开始从强调购买我们的软件可以带来的利益这种传教士销售中寻找转机。我们要坚持到底。我已将我所有的两万美元的积蓄投入其中，我不想失败。公司所有的创始人都曾在大企业工作过，我们不喜欢失败，我们不会后退。我们决定要挺住。

我们采取各种方法驱除压力。我们搞了很多公司联谊会。我们努力鉴别公司的每一个人所擅长的领域，把最合适的人安排到最适合的岗位上。我们努力将人们从不擅长中解放出来。

我们仍然拥有值得信赖的合作伙伴。所有人每天都以极大的热情投入工作，我认为这是我们渡过难关的本钱。即使是在最艰难的时刻，你环顾四周，都可以看到伙伴们肩并肩地努力工作到很晚。我们中的许多人甚至在商务旅行时，在乘机的两三个小时里都在工作。

我们的 CEO 起到了稳定军心的作用。我记得有一次我在销售过程中由于压力过度，曾打电话对他说"我连我自己的电话号码都不记得了"时，他为我提供了全程的帮助。他真是一位引导者，他是一位能够帮所有年轻人把很多事情都处理得井井有条的人，这些年轻人都在 SBA 的贷款合同上签了自己的名字，他们都将自己的房子做了抵押贷款。

CEO 是公司的领导者，他对于公司非常重要。他从不畏惧。他从不被压力所左右。事后回想，帮助我们渡过难关的正是他对公司持续的信心，以及所有人一直以来对我们产品的信心，以及对我们所做事业的信心。我们从未讨论过这样的问题，"我们做得对吗？"或者"我们真的有市场吗？"我们从未怀疑过自己，也从未想过要结束我们的事业。

之后，政府介入了，要求银行用我们所生产的这种类型的软件。他们并没有要求银行一定要用我们公司的软件，他们只是要求银行用与我们生产和销售的软件同种类型的软件。

于是，我们的销售有了法律保障，这一时期，我们取得了丰硕的成果。1985 年前后，我们的毛利率达到了 12%。我们的公司在这一细分市场上成为全球最大的企业。我们成长为收益达到 2 000 万美元，全世界拥有几百万员工的企业。

我 的 经 验

作为一名企业家，我需要了解合作伙伴的人品。即使我们曾在军队或者其他企业共同工作过，我也需要真正了解他们，创业带来的压力比在军队或者其他企业所遇到的压力要大得多。如果我不了解与我共同创业的人的品格，我就会遭遇无法克服的梦魇般的困境。

开拓工作是艰难的。如果我相信自己的产品，相信人们会需要它，我就需要在销售中强调它的优势，让市场认识到它的优势。如果我要生存，传教式销售不能时间太长。

我需要一个稳定器，就像我们的 CEO 所做的那样。当我们害怕时，无法承受压力时，他就会用话语抚慰我们，让我们保持继续前进的勇气。

如何在你的企业中应用我的经验

要跟踪联邦政府、州政府以及地方政府的最新政策。你也许会发现新政策要求客户购买你公司的产品。一旦发现这一信号，你就要立即进行合适的广告宣传和公关工作，以确保你的客户，以及潜在客户了解并遵守新的政策。这样，你的公司就能获益。

作为企业主，面对逆境时，你应起到稳定军心的作用。如果你的员工看到你沮丧或者被压力击垮，他们就会受你的影响而感到害怕。另外，如果你看到哪位员工提心吊胆，或被压力所左右，你必须找他谈话，试着帮助他减轻压力。否则，这个员工可能危害你的公司，因为担忧会使他不能履行自己的职责，对其他员工造成负面影响。

作为企业主，面对逆境时，你应起到稳定军心的作用。

22. 政府剥夺了我们

维克多利亚

热力工程公司首席执行官

我们是成立于1950年的小型家族制造企业。20世纪80年代末，美国环境保护部（EPA）开始探讨推行空气净化行动，强迫对汽车空调和家用空调冷却剂的回收和再利用。

当时，我们一年只能生产少于1 000个冷却剂回收装置。于是，我们开始探讨是否开发我们的潜能，增加生产能力，来满足潜在的需求。我觉得仅根据我们的生产能力生产一定的数量就可以了，没必要增加生产能力。投票结果，我丈夫和他的父亲反对我的看法，我只得少数服从多数。

1990年7月，EPA的空气净化行动开始施行。尽管我们增加了生产能力，但还是供不应求。收益成几何级数增长，我们尽可能快地扩大雇员的数量。

尽管我们增加了劳动力和原材料的投入，在1992年末，公司也只能每年造6 000个装置。我又一次提出，"不要再花更多钱增加生产能力了"。我觉得这种需求能否持续还不明确的时候，就盲目扩大生产，什么时候是个头？我认为我们永远都不可能满足所有需求。

人们纷纷订货，我们知道难以应付。我们有些担心人们会取消订单，转而从其他人那里买装置。这种情况从未发生过，因为没有人能应付得了所有需求。

收益和利润都很丰厚。

1992 年 7 月 1 日，市场受到威胁。EPA 说，他们推行的对冷却剂使用的监控措施没有成效。这一天，火爆的销售戛然而止。几天之内，600 万美元的合同被取消。我们负债170 万美元。

我们一天之内辞退了150 位员工。我们别无选择，因为这可不是闹着玩的。我们建立起来的生产规模用不着了，所以参与建立生产规模的人员也只能走人了。我们没有其他工作可以安排他们去做。

具有讽刺意味的是，EPA 说有些公司因他们的政策变化而无法生存下去，他们只能表示遗憾。但是，我们要成为幸存者之一。

我公公的想法很明确，他认为我们需要申请破产。但丈夫和我却拒绝这样做。我公公已经 80 岁了，他不想再经营下去了。然而，我和我丈夫还需要这个生意来支撑我们的家庭和未来。我们决定向供货商付款，并将精力集中在没有受EPA 政策调整影响的业务上。毕竟，在 EPA 出台新政之前，企业是盈利的，而 EPA 出台新政之后我们依然盈利，尽管我们有170 万美元的债务，但我们还有价值上百万美元的发明可以卖。

两个月之后，依然有供货商为我们供货。许多货物报废了，有些被当作废品卖掉了，我们也保留了一些。此后几年间的大多数时候，我们对于当初订购的货物只能作销毁处理。我们别无选择，因为这些货物最终成了陈旧设备。很明显，供货商不会关心这些。

我们努力工作。我一直在说些鼓舞士气的话。只有一次我真的害怕了，那是早在我女儿只有 18 个月大的时候。我当时一直在想："我们该怎么办？"因为当时我的声誉与公司紧紧连在一起。人们对我的看法，我的所作所为都与公司休戚相关。当想到我也许除了申请破产别无他途时，我就感到更加恐惧。我无法想像我还能做些什么。我猜测我当时只是陷入了恐惧神经机制中。

这一时期，当分销商们打电话过来，我接起电话说，"热力工程公司"，他们会说，"哦，没想到你还会接电话"。我会问，"你打电话来有什么事吗？"我们的一些竞争者会说，他们以为我们已经完蛋了，或者逃跑了，他们打电话过来只是出于好奇。

我一直在寻找所有可能使企业生存下去的机会。对我来说，最重要的事情就是在这个行业呆下去。于是，我开始行动。热力工程业务是盈利的，而且一直都在盈利。我们支付了一些欠款，损失了收入所得税，同时签订了一些还款计划。我们与一位供货商签订的还款计划周期长达 10 年之久。我们一直从他们那里购买材料来制造我们的产品，我们是他们的老客户。他们对我们的行为感到吃惊。我可以肯定地说，他们在与我们签订还款计划时，一定认为我们无法生存下去了。去年，我们还清了欠他们的钱。

我与销售代理们开了两次会。一位销售代理给我们写了一封信，要求我们付给他 52 000 美元，声称如果拿不到钱他就要诉诸法律。我回答说，你尽可以去告我们，但这肯定是白费力气。经过这两次会议，销售代理们认为我们就是没法给他们钱了，我们是在骗他们。就像我们的供货商一样，他们认为我们不会付给他们钱，但是他们还是要想方设法把钱要回来。

尽管我没有钱，我们也不是上市公司，我们还是说，"我们就在这里。这就是我们的实际情况。我们的损失就是这么多，我们正在想办法复苏。"我们认为公开信息是件好事，结果发现效果确实不错。

可惜的是，还是有些人在那里喊叫"还我们的钱"。我提醒所有人，包括那些销售代理，我们必须卖掉其他产品才能走出债务危机。我们能够支付欠款的唯一途径就是卖掉我们的其他产品。

许多销售代理离开了，但是无论怎样他们也不相信我们能还钱。他们不想因为我们得罪他们的批发商。我们必须增加销售来还钱，但是他们却不想让客户冲他们发飙，因此他们选择将他们代理的其他厂商的产品卖给客户。我们改变了销售方法，我们采取了直接销售的方法，而不再通过代理商销售。

12 年后。我永远不会忘记这些日子，我们花了整整 12
年还清了所有债务。我们生存了下来，我们还将继续前进。

我 的 经 验

当危机发生时，我问自己："我今天能干什么？"然后
我就去做。我不可能一次解决所有问题。我每天解决一个小
问题。通过这种方式，我们一步步走出了债务危机。

听从自己的直觉。我认为我们应集中精力在我们的核心
业务上。可惜的是，我的建议被投票否决了。现在，我赢得
了公司的主导权，我可以按照我的直觉行事了。

在为家族企业工作之前，要先有在其他企业工作的经历。

在为家族企业工作之前，要先有在其他企业工作的经
历。我以前从未在其他地方工作过。我认为在其他企业工作
能够给自己带来一些预见能力。

如何在你的企业应用我的经验

就像前一个故事所描述的那样，联邦政府、州政府以及
地方政府的政策法规会对你的企业产生很大影响。在这个案
例中，政府法规的变化，消除了市场对你的产品和服务的需
求，你的企业可能因此而倒闭。如果遇到这种情况，你必须
马上停止这种产品的生产，如果可能，你要把剩余产品卖
出去。

虽然这种情况下作决定很艰难，但是一定要果断作出决定。你的企业能否生存下去依赖于你此时的决定。防止现金流失是危机时期最重要的事情。与你的银行主管和供货商进行沟通对于企业能否生存下去至关重要。让他们了解所发生的问题很重要，与他们签订应急的还款协议，然后按照协议再逐步还钱给他们。多数情况下，他们在诉诸法律之前，会期待你与他们商讨还款协议的。

23. 我的合伙人失去了热情

杰夫
里诺草坪和景观公司首席执行官

我要给你们讲讲我在景观行业的简要经历。大约10年前，我懵懵懂懂闯进这一行业。人们问我，高中毕业时，我是否想到要进入这一行业。我的回答是否定的。我甚至根本没有想过任何与景观有关的事情。我进入这个行业纯属偶然。恰巧在我辞职的时候，我的一位经营一家景观公司的朋友正好需要一位总经理。我接受了这份工作。4个月后，这家公司的一位合伙人想卖掉他在公司的股份，我买了他的股份，于是就成为这家景观公司的合伙人。我曾经在景观行业和不动产行业拥有过各种各样的合伙人。

需要明确一点，我不会主动要求合伙人离开。3年后，当我的企业并入我今天所在的企业时，我买了一个合伙人的股份，这个合伙人也就不再是我的合伙人了。通过并购，我又有了一个新的合伙人。于是，我又作为合伙人运作了4年。到2000年，我又购买了那个新合伙人的股份，现在，我是企业唯一的业主。在此期间，我还作为合伙人运作了几个不动产生意。

在最近一次合伙项目中，我的前任合伙人与我合伙经营了 19 年。我渐渐发现他对我们的企业失去了热情。一天，我醒悟过来，认识到不是我走就是他走。最重要的是，他所做的工作正是我真正想做的。我知道我能成功运营这家企业，因为我已成功运营了 8 年之久。我想要成为参与社会活动和向公众宣传我们公司的那个人。

于是，我们在会议室坐下来谈判，我把计划提交给了董事会。我说要么我们还是朋友，要么我就走。一个半小时以后，他同意了我的计划。他决定退出。

在我 10 年前进入这一行业时，我没有资金。我购买股权的款项都是用我所得到的利润来支付的。这样，我只能依靠合伙人的个人财务情况来支撑企业。

因此，当我购买最近这位合伙人的股份时，我感到很为难。所有的东西我都不得不借用，我的个人账户的财务状况远不如我俩联名账户的财务状况那么好。

对于我来说最重要的事情是我在购买合伙人的股份而使他退出公司时，我也调整了公司的结构，卖掉了我的建筑分部。我迅速完成了与购买我们建筑分部的那个人的法律手续。合同中有些条款对他是有利的，同时，我还试图获得SBA 贷款，我要借钱来作为启动资金，经常与我的律师沟通，以防陷入诉讼纠纷。

我最终把钱付给了他，把企业买了下来。

当时是一月份，我脑子里想着三项主要的债务。我不得不从 SBA 得到贷款以支付我的前任合伙人，我还要付钱给

"卖了"我的建筑分部的那个人，我还得为启动公司的运营投入资金。

直到二月末，SBA都没有同意给我贷款，与此同时，我尝试同其他一些银行主管沟通，试着从他们那里借钱。于是，有两个月的时间我没有运作资金。我时常怀疑自己到底能不能付清欠账。

我喜欢把这一过程比作赛马；你可以选择赛马，选择马鞍，但是一旦比赛开始，你就不能换马鞍了。

我终于从一家银行获得了本季度的贷款。但是，在之后的3个月里，我还是不能确定我能否有足够的钱支付账单，我能否有足够的钱购买那位合伙人的股份从而独自拥有这家企业。由于卖掉建筑部门的交易没有达成，我丢掉了不少客户。

我真的感到害怕，承受着压力。我真不明白为什么所有的事情一起来。最后，在我拿到银行贷款之前，我找了一些私人投资。我不得不向人们解释我的处境并寻求帮助。情况难以想像的艰难，但为了保住企业，为了让它一直运营下去，我只能迎难而上，别无选择。他们对我的能力有信心，他们最终同意给我贷款。

我 的 经 验

SBA还是同意了给我贷款，但是申请过程并不是很顺利。后来我就转向 Tier One 银行，他们随时接受贷款申请，而不是一年只接受一次贷款申请。贷款申请程序也简易得多。

如果我要购买一家企业，它必须是一种在业主不参与的情况下还能够运行自如的结构。如果它的结构不是这样，那么它对我来说就没有价值。

合伙人不一定就是我一辈子的合伙人。我有时不得不坐下来与我的合伙人谈判。我不得不购买他手里的股份，让他离开企业。有趣的是，我的前任合伙人可能会再与我合作。我现在就与以前的一位合伙人合伙做一项不动产生意，他36 岁时退出了与我的合作，后来又回来寻找与我合作的机会。

合伙人不一定就是我一辈子的合伙人。

如何在你的企业应用我的经验

做成任何一件事所花费的时间都比你预想得要长。与客户签订合同，申请贷款，寻找投资，以及达成任何一项协议都需要花上几天，几个星期，甚至几个月的时间才能完成。在你拿到客户付款、贷款，以及其他资金之前，你要确保你有足够的资金维持运营。

我总结出了一个法则，我觉得还是有用的：每当什么人对我说他在 X 时间内就可以完成某件事，我通常要将这一时间 X 乘以 π（3.14）。据此，如果什么人告诉我他用一周的时间可以签下合同，我估计实际上需要花三个星期。这一法则大多数情况下都是奏效的。如果工作完成比我预期的要快，那么我的进度就会超前。

24. 我不得不放弃控制权

杰夫

无线与卫星通讯公司总裁

我遇到的挑战与恐惧总是来自于周围的人。我妻子和我怀揣着找到更好机会的梦想从阿肯色州搬到密苏里州。我们之前从未来过密苏里，我们来这里完全是从零开始。

我们在这座城市人生地不熟。然而，我们总是想像这地方有很好的机会。我们找了一天，开着我们的小道奇去春田。我在报纸上努力寻找可以租的公寓。我当时在寻找工作，实际上，我是很偶然地闯入商界的。我看到一则广告，说一家公司要招人销售他们的电话。我应聘了这份工作。我是这家公司唯一的签约员工。90 天内，我发现这家公司的老板相当不道德。他强迫我独自一人出去跑业务。我照做了。我们发现了一个机会，并抓住这一机会开创了我们的生意。这个生意，我们一做就是十年半的时间。

我和我的丈夫开始挨家挨户地推销。我们想找一个能获得更多收入的机会。我们也想掌控我们自己的时间。然而，我辞职后并没有去寻找另一份"工作"。经过 6 个月的考量，我想开一家零售店是服务我们的客户的好办法。于是，我打电话给我妈妈，从她那里借了 1 500 美元。我的第一家店开张了。

第一家店实在有点寒酸。我们去跳蚤市场买了一张旧桌子和一把旧椅子，我们把橱柜搬来做电脑柜，把电话放在上面。这就是10年前我开的第一家零售店，我在30天之内就把钱还给了我妈妈。我又在我的家乡阿肯色州开了第二家店。一年半之后，我们在密苏里州的春田镇开了我们的第三家店，也是我们现在的企业总部所在地。

是时候坐下来制定一个发展计划，并开始发展壮大企业的时候了。这正是我们的最大挑战所在。然而，我们成功地发现找到好的人员是关键，现在，我们已拥有44家商店。我们是美国移动运营商沃达丰的最大客户。

从一个小业主转型为什么事都要做，什么事都要去监督的管理者是艰难的。在企业运营的前3年，我本应脱离具体销售业务专心进行管理，但我继续亲力亲为地做销售。我认为我可以依靠自己达到最低销售指标。最低指标就是养活我的家庭，所以我继续作了三至四年的销售，即使已拥有五六家店时我还是这么做。我认为不考虑我这几家店的盈利，我完全可以靠自己的销售供养我的家庭。于是，有好长一段时间我在销售人员和管理者两个角色间跳来跳去，直到我能够承受退出销售业务，专心做管理者为止。

直到依赖其他人做销售所带来的现金流足够多时，我才停止亲力亲为地做销售。接着，我遇到了困难。从一个销售人员转型为经理人员是艰难的。我觉得我的优势在于与人打交道的能力。我可以手把手地教导新人如何去做。我企业中的所有工作，我和妻子都做过。所以，当我们开始教其他人如何去做时，我们很有信心。我们对教授给其他人的经验很有信心。

很长一段时间，我确实在培育其他人的销售能力方面下了很大工夫。我继续一次又一次原谅他们，但是我最终还是意识到我们必须要找合适的人才行。没有合适的人员，我们永远无法取得进步。这可不是一件容易的事。

由于我们的持续成长，接下来的另一个大的挑战出现在我开始寻找能代替我的管理者的时候。在每一个转型阶段，我都要放弃一些我与顾客的直接接触机会。我觉得没有人能够完全代表自己。寻找能够像我们一样工作的人是一个巨大挑战。我们寻找的人必须有像我们一样的工作态度、判断力和智慧，同时也能像我们一样引导销售代表。

我们想尽各种办法寻找合适的人选。我们做了大量甄别工作，并从一些错误中学习。如果发现有人不适合，我们就清除他们。实际上这比我们亲自做销售容易得多。

我遇到的最大挑战是从头建立一套"体系"。我习惯用"体系"这个词。我考虑到我们的公司是在出售特许经营权。我们的特许商店有 44 家。这套体系能够保证所有特许店都按统一模式运营。

在只有我自己做销售时，我可以快速而容易地改变。但是，当我们建立了 10 家店时，我们就不能快速转变了。我发现我们必须建立游戏规则。于是，我们从零开始建立一套适合于所有人的体系。我们也要学习如何引领那些对我们的企业一无所知的新人，利用我们的体系对他们进行培训、传授、激励、教育。当他们完成培训以后，他们必须成为理解我们公司的、具有丰富经验的销售人员，能够执行我们的主张，同时能够代表客户。

我们学习这些的过程是艰辛的。我们经历了很长时间才达到目标，其间经历了太多的挫折和挑战。然而，我明白要勇往直前，这样企业才能继续成长。

我 的 经 验

将我的关键人员组成一个核心团队很重要。这些核心人员必须是合适的人。没有他们，我们就不可能像这样持续发展壮大。

钱很重要，但钱不是最重要的。

我尝试给所有人一个满意的工资。然而，我已学会让他们明白如果没有积极正面的工作环境，成功地相互激励的团队，他们是什么也得不到的。

当我作出重要决定时，有足够多的优秀的人们围绕在我周围支持我，我的正确率能达到99%。一个人独自作决定不可能达到这样的正确率。

如何在你的企业应用我的经验

放手是企业成长的关键。可惜的是，委托他人是件困难的事情，对于大多数企业家来说这是必须学习的技巧。不委托他人，你就要自己去做太多的工作，当你被压垮的时候，一切都不能正常运转了。

信任你的第一位新任经理很重要。允许她犯错误，让她从中学习。她犯的错误越多，学到的也越多，就能成为更好的管理者。

一旦你已找到一位好经理，如果你打算继续使企业成长，你就要开始培养你的第二位经理了。

并不一定要从你的员工中挑选经理人员。许多情况下，一位有着专业技能的伟大员工却是非常糟糕的管理者。他所拥有的足以出色完成专业工作的技能无法转化为领导他人的管理技巧。如果这位经理失败了，你同时也失去了一位伟大的员工。为什么？因为很少有人能够向同事承认自己不是一个好的管理者。大多数时候，他不会再在你这里干了，他会去其他地方工作。

伟大的管理者可以激励他们的员工，帮助公司达成目标。管理团队越优秀，公司在危机中生存下来的机会越大。在危急时刻，员工们会围绕在领导者周围，从领导者那里得到安慰。他们明白领导者会倾听他们的声音，他们的建议也许有助于企业渡过危机。

放手是企业成长的关键。

25. 我对自己的能力不自信
匿名

在我父母的培养下，我取得了好成绩，找到了好工作。在市场营销，广告方面我 15 年来表现优秀。我对大量的日常工作应付自如。但是，传统的雇用体制对我来说是个问题，因为我总是提前完成任务，由于对其他员工非常不耐烦，我没办法做委员会成员去督促别人的工作。最终，一位主管人对我说，"你真应该开办自己的企业；你有能力，有自信，以及其他素质。与其与我们为伍做些微不足道的事情，还不如去做你自己的事业。"

要是在过去，有谁对我提出这样的建议，我会很惊诧。我不明白"人们为什么会这么做？"我被迫开始了我的创业生涯。被一个新雇主雇用了 6 个月之后，我被迫离开。我和妻子正在等待收养我们的第一个孩子。由于害怕突然的财务不稳定会让我们失去这个孩子。我们唯一的选择就是提前办理收养手续。我们还是在 1991 年 9 月收养了孩子，30 天之后我们开办了自己的企业。

我感到很担心。我被置于险境；我别无选择，只能往前走。我非常幸运，很快就拿到了一个咨询合同。这一合同帮我渡过了最初的难关，企业也开始运营。在我们的企业运营两年之后，我们失去了一个最大的客户，由于没有储蓄，我们陷入了严重的财务困境。

这是一个痛苦的时期。我来自西海岸的富人区，对这样的窘境没有准备。由于我没有知名度又没有社会关系，我很难找到客户。我们的收入减少了3/4，生活方式需要作出很大调整，这是很痛苦的。

我应对这种心理上的痛苦的方式就是将我的事业视为充满刺激和新奇的挑战。我于早晨9点在星巴克用便携式电脑与全市有创造力的自由职业者相互沟通。我一边小口品尝着拿铁咖啡，一边给潜在客户写信，一边展望着未来。我觉得我的作为像一个冷静的地产大亨。我以这种方式在艰难时期保持理性思考。我妻子对我的支持也很重要，她为了挣更多的钱做了好几份工作。

在艰难岁月里，我发现在谈论我所遭遇的困境时必须非常注意，因为即使是你最亲密的朋友在得知你的困境时都可能不再尊重你。他们嫉妒你，但是他们会认为你疯了。在私下里，面对面的情况下，他们会支持你，但是他们不会无偿帮助你。他们甚至与你相处时都小心翼翼。这简直就是煎熬。虽然在困难时期我需要支持，当我情绪沮丧的时候，我还是学会与别人沟通时要非常小心。

10年之后，我觉得我需要在某种程度上作出改变，因为资金不足的折磨使我疲惫不堪。幸运的是，我找到了一个耐心的合作者，他给了我继续前进的勇气。

　　当我回顾这一经历时，进入企业界有两个层面的担忧。首先，就是你要为不可预期的日常资金的流入与流出而操心。第二个问题则是心理层面的，你要不断问自己，"我有能力做这件事吗？为什么？我是我想像的那样吗？如果是这样，为什么在现实中没有反映出来？如果不是，那么我又是怎样的人？"年复一年，我挣扎于对这些命题的反复诘问中。

　　这让我想起了大学生活，那时我学到了理想与现实的距离。例如，你认为自己是一个天才，一个勤奋的人。你就会假设你应该有一定的物质生活上的成功。然而，你环顾自己的生活，却没有看到物质生活成功的证据。

　　为了消除这样的心态，我意识到必须放低姿态。我意识到事实不是自己想像的那样。我想我们无意识地花了很多时间在头脑中编织自己的"故事"。你必须从心理上丢掉自命不凡的想法，放弃不切实际的抱负，调整自己。你必须接受最差的境遇，不要让这种境遇对真正的你造成伤害。

　　我仍然时不时遇到这样的困扰。接受现实并不能永久解决问题；当客户认为我的公司太小，不值得与我们合作时，我的自负会突然跳出来，会有被伤害的感觉。

　　为了承受不确定性带来的困扰，我祈祷，尝试降低自我评价，学习心理学，从一些特定类型的人那里寻求建议。很明显，每次在工作上取得成功时，我的压力就会有某种程度的减轻。但是，当未能得到一个客户时，又会有一个声音对我说，"我们能做好吗？"我知道这是那个自我在说话，那个自我又在急切地寻求安全感。

当情况真的很糟糕时，有两个人是我的重要依靠，他们能让我恢复信心。这对我帮助很大。他们的经历更为传统，他们依然相信我的能力。他们会和我喝杯咖啡，他们让我知道我的方向是正确的，这让我重拾自信，然后我就会重新投入战斗。

我现在依然在战斗。我所经受的创伤可以证明这一切。但我 13 年后还在顽强地战斗着。

我保持着乐观的态度！

> 事业上的挑战可以驱使我不断地自我发现。

我 的 经 验

尽管遇到这样那样的困难，但是如果我呆在大企业里，我的富于创造力的潜力就不可能被挖掘出来。由于我要将所有的工作纳入我自己设定的秩序中，我每天都在成长。

幸运的是，我做着自己热爱的事业……染指于不同的行业，创造性地解决各种各样的问题。不同行业的交互作用激发了更多的灵感、策略和业务间的互动。我喜欢这种交叉互动所带来的灵感。我知道许多人厌恶自己的工作。在这一点上，我是非常幸运的。

事业上的挑战可以驱使我不断地自我发现。如果不经历作为一个企业家所遇到的困难，我不会拥有如此深邃的人生，体会到比通常意义上的成功更高尚的人生价值。

129

如何在你的企业中应用我的经验

要拥有一个在你企业之外的值得信赖和依靠的团队。这些人要把你的事业当做他们心目中最重要的东西。你也许一年只与他们沟通一次。然而，你知道你所得到的建议是真诚的，没有任何隐瞒。你也许无法从你的员工和经理人那里得到同样真诚的、直言不讳的忠告。

如果你的一些员工们讨厌他们所做的工作，你就要找他们谈话，让他们去找能够获得收入的其他工作。这些员工们不喜欢冒险。他们的这种态度会伤害其他员工，你的客户也会感觉到这一点。邀请这些人参加"职业生涯调整项目"，让他们去找一份新的工作或者开办自己的企业。

26. 我们不知道救世主是否会出现

里奇

作为基督徒，我觉得上帝对我们每一个人都有安排。上大学期间，我觉得上帝在引领我当一位牧师。然后，当我上神学院时，我觉得他在引领我做植堂（开办新教堂和启发新会众）。

我参加了课程，学习相关知识。我去了一家评估中心，它对申请新建教堂的人进行审查。中心依据13项不同的准则对相关人员进行评估，这些准则包括：个人资质，经历，以及其他一些有关企业家能力的项目。他们认为我适合作植堂，但是我的资质不适合从头做起。他们介绍我与一家有兴趣建立新教堂的已有教堂合作。我就这么做了。

我父亲是印第安纳州瓦尔帕莱索的一位牧师，他正好可以做我的合作者。我与他一起筹划了9个月，摸到了窍门。期间，我们将有兴趣建立新教堂的30个人组织了起来。

我妻子和我在我们打算建立新教堂的地方买了一套房子。我们将自己的生活安排在这里，成为这个社区的一部分。我们为实现目标而努力着。没有退路。如果不成功，我也不能回到父母所在的教堂，然后说："我又回来了。有什么其他事情给我做吗？能给我发工资吗？"这是孤注一掷的冒险。这就如同克尔特斯烧掉了自己的战船一样。

我们的教堂于 2000 年 9 月开始向信众开放。在正式开放之前，我们于 6 月、7 月、8 月举行了小规模的试运行。我们各司其职，但是我们不知道会不会有信众来。我直接发送了 15 000 张明信片告诉人们我们开了一家新教堂，有 60 - 70 人前来。7 月份来的人多了一点，8 月份更多了一点。到了 9 月份人数达到了 164 人。这一过程实在让人感到忐忑不安，因为如果没有人来，教堂就不可能办下去。

我认为在最初的 4 年里，我们一直在成长，一直运转得不错，有超过 100 人正式登记注册。向他们明晰地传授基督教的真谛，帮助他们建立与教堂的依赖关系是具有挑战性的。

150 人星期日来教堂做礼拜。我们也经历过波动。我们曾发展到平均 200 人，后又曾缩减到 120 人。后来又增长了。这种波动导致了组织方面的危机。我必须找到这些问题的答案，"我们的成长极限在哪里？是什么对于我们与人们进行有效沟通，帮助人们建立与教堂的依赖关系有阻碍作用？"教堂的运作方式不同于一个企业销售自己的产品与服务。

我们还有一支忠诚的志愿者团队，在我们开办教堂的过程中，他们一直围绕在我们身边。因此，并不仅仅是我一个人在奋斗。从我们开放教堂的第一天起，我就是负责人。但是有了团队成员的支持，我才能成功。从某种意义上来讲，知道有人可以依靠，可以帮我分担压力，我的恐惧减轻了。从另一种意义上来讲，由于人们对我的信任，又使我更加恐惧。我通过牧师在上帝的引导下减少了自己的恐惧。

我 的 经 验

这一经历让我明白我的个性内向的一面多于外向的一面。我必须学会更加开朗，更加具有冒险精神。

我一直相信如果你相信上帝，他就会引领你渡过难关。如果我按上帝的旨意行事，我就能够成功。这与我仅仅要证明自己是截然不同的。我意识到我的信念是对的。

如何在你的企业中应用我的经验

学会与不同性情的人沟通与互动。向那些与你性情相同、志向相类的人传达你的想法，与他们一起工作是比较容易的。但是，为了你的企业能够成功，你需要有不同性格的经理人和员工。不同的人会持有不同的观点。这种差异性对于解决问题，服务客户是至关重要的。

有些情况下，不同类型的人之间会产生冲突。然而，雇主们必须学会欣赏不同的观点。这样雇主们才能更成功地与他们的员工，经理人，以及客户共事。

为了你的企业能够成功，你需要有不同性格的经理人和员工。

133

27. 信念帮我渡过难关

西妮

中学毕业时，我开始在一家美发沙龙工作。我不喜欢沙龙的气氛。我换了一家又一家。我找不到一个能让我和顾客都满意的地方。我结束了在外当雇工的生活，休息了一段时间。这是个比较好的选择。

我丈夫看上了一个距离我们的房子大约5个街区的楼房。我发现这所房子已经空置了7年。在这里开一家自己的店很合适。我和丈夫做了前期的调查工作，准备购买这所房子。这所房子也正待出售，为一个房地产经纪人所有；但是他的出价是这所房子真实价值的5倍，而且没有砍价的余地。

我们开始做这所房子所在地点的街区组织的工作。我发现政府在这所房子上有个租约。我给政府部门打了电话，向他们提出了申请。我们拿到了这所房子，我开了自己的沙龙。大多数事情都由我和丈夫亲自做，1997年12月，这家店开张了。

生意不错。顾客也满意。几年之内，这所房子就不能满足我们的需要了。当时，我的顾客已经没有等待区可用，或者说没有足够的空间让他们享受到舒适的服务。我打算买下周围的那些房产来扩张店面。这是挫败的开始。

市政府不断搪塞我们。他们总是找出各种各样的理由，要求我们做这做那来搪塞我们。真是不明白他们下一步还要怎么对付我们！我们花了两年时间才买到那些房产。这真是对我们的诚意的一种考验。

首先是功能区分问题。他们打算把这些房产打造为住宅，因为这里是城市最繁华的地区。经过不懈的努力，反复的祈祷，流了许多眼泪之后，我们发现这些房产由于建筑结构的问题根本就没有足够的空间打造成住宅。这些房产只能商用。我们最后赢得了这场功能划分的战役。

然后就是许可权的问题。钱不断地花出去：这里250美元，那里1 000美元。与此同时，我还得在局促的店面里经营生意。我们觉得市政府就是要折磨我们，看看怎样才能让我们退缩。

我的祖母曾拥有一家饭店。市政府拿走了她的房子。她失去了自己的房子以后，我就告诉自己决不能让这种事情在我身上重演。我不能放弃。

我们不得不经历了更多的会谈、请求和拉锯。我实在是有点厌倦了。我又怀孕了。我儿子在学校也出了问题。我以为我就要撑不下去了。

随后，我的丈夫想退出。我们不断地祈祷。我们不断地问上帝他是否允许我们拥有这些房产，为什么会有这么多问题？我们得到的答案是继续前进。我们这样做了。我们坚守着信念。

最终，我们赢了！他们不再给我们"设圈套了"。他们不再要求我们付出更多了，他们同意了我们的申请。不再有纷争了。我们终于拥有了这些房产！

我现在有了一处带有不错的停车场和景观的好房子。这里有大的等待区，一间办公室，一间按摩室。我会永远记住那些黑暗的岁月。尽管我曾想放弃，是我的信念和上帝的旨意指引着我继续向前。

我 的 经 验

如果我特别想达到某个目标，那就执著向前——尽管我似乎根本不可能达到那个目标。

祈祷，并相信自己有超常的能力可以让我战胜困难。

如何在你的企业中应用我的经验

地方政府、州政府以及联邦政府的政策法规可能影响你目标的进程。在你确定营业地点，扩展或者重新装修你的营业场所，或者开办、搬迁你的企业之前，一定要弄清楚这些法规条款的要求。根据你的企业类型，这些政策法规可能会要求你申请一些特殊的许可证，提供一定数量的停车位，以及作一些对你的企业经营有影响的规定。如果你不想被禁止开业，或者更糟糕，由于与政策法规冲突被勒令停业，你就必须事先了解清楚相关规定。

如果我特别
想达到某个
目标，那就
执著向前

28. 不应将爱好转变为失业

贝弗莉

我以一个好价钱卖掉了我的报社。由于我只有45岁，我必须找些事情做，我知道这次交易所带来的收入也就只能维持我们10年的生活。我的丈夫，他比我大20岁，认为他那时就会走到生命的终点，所以仅够维持10年的收入并不让他感到担心。

我们在弗罗里达过夏天的时候，北美画廊关闭了。他们正在卖房子。他认为我应该开办自己的企业，因为我一直喜欢北美风格的珠宝，在夏日里也曾经营过礼品店。

我没有在这方面创业的计划，也没有人要求过我作这样的创业计划。我向其借钱的那家银行通过我的报社了解了我。他们信任我，为我购买房子给了我贷款，没有对我的新企业提出任何其他要求。在对自己的新事业一无所知的情况下，我对银行承诺付给他们16％的利息。

我在佛罗里达开了这家商店。我打算只在夏天开业。在开业初期，我决定也卖些西南风格的服装。这似乎是对珠宝生意的挺好的补充。冬天我们会回到图森，我之前并没有意识到要在两个不同的地方经营两家并不是全年开业的企业。在亚利桑那州时，我要到人们的家里去办珠宝秀。我会与人们讨论珠宝是怎样制作出来的，引导他们选购珠宝。

我用卖报社得到的收入购买了商店的库存货品。顾客们喜欢我买的东西，他们说我的品味很好。

三年后，我在亚利桑那开了一家零售店。这个商店本应全年开业。如果不这样，当我夏天到弗罗里达时，我就得随身携带所有商品。这样，亚利桑那的商店就会空空如也。因此，我应该雇其他人来全年经营这个商店。

我一直携带着商品在图森与弗罗里达间奔波。我就像个溜溜球一样跑来跑去。我没挣到一点钱。但是，我还是在图森开着店。我为什么要这么做？我不知道。我再一次毫无计划地做事。

我的现金流从来没有稳定过。我并不像喜欢北美艺术品和工艺品那样喜欢这个生意。买服装是我生存所需。我总是欠着很多钱，我几乎不敢到市场上去，总是害怕买不起那些商品。

我拖欠还贷，弗罗里达的那家银行已威胁要取消我们的抵押品赎回权，拿走我们的房子。我支付着利息，但是没有支付本金。于是，我最后要求他们将利率降到11%，并且多给我一些时间。我开始支付本金。

我的注册会计师一直在提醒我必须要放弃其中一家企业。我打算放弃在弗罗里达的生意，全年呆在亚利桑那，但是我的丈夫不愿意，他还想回弗罗里达。最后，我们离婚了，他由于滥用信用卡而申请破产。我与他离了婚，希望能保住我的生意。

离婚后，我们在弗罗里达的房子卖掉了，于是我能用这一笔钱来还欠银行的债务了。是上帝眷顾我，我没有丧失抵押品的赎回权。但是，亚利桑那店遭到抢劫成为压死骆驼的最后一根稻草。就在佛罗里达的商店要在夏季开业之时，劫匪抢走了我所有的珠宝。

于是，我打算如果我不能在夏天把房子卖掉，就让银行取消我的资产抵押赎回权。我只想摆脱这一切，回到亚利桑那，找份有薪水的工作。

接下来的那个夏天，我认识了我的新任丈夫。在佛罗里达的夏天里经营了四年多之后，我卖了那栋房子，永久地搬回了亚利桑那。

四年间，紧张焦虑，和由于一直担心资金问题而造成的胃病一直折磨着我。关掉生意之后，我找到了别的事情做，胃病也好了。

在未作出商业计划之前不要贸然开办企业。

我 的 经 验

在未作出商业计划之前不要贸然开办企业。如果事先作出商业计划，我就会对我想要投入的事业了解更多，也许我会发现你可能不应开办企业。

仅仅因为我喜欢什么事并不意味着就能够将爱好发展成为一个企业。

零售业和其他行业有很大的不同。要确认我是否有足够的时间看铺子，有足够的钱购买库存商品。不要买那些我喜欢的东西。要购买那些能卖得出去的东西。

如何在你的企业中应用我的经验

作为企业主，你要为你的企业工作，而不是在你的企业里工作。制定和有效执行计划对你的企业的生存至关重要。你需要一个外部团队来帮助你。指导委员会或者顾问委员会可以帮助你集中注意力。当你向委员会报告正面或者负面的信息时，他们会要求你执著于这一团队为你制定的目标。出现问题时，你也要从他们那里寻求建议。这样做可以增加你的企业成功的可能性。

29. 没有人支持我

克里斯丁

新企业家公司首席执行官

在我成长过程中，我就不适合通常的道路。我知道上大学，去面试，然后找到一份工作——朝九晚五——并不适合我。我就是做不了这些。我意识到我无法过传统的生活，但也从来没有意识到企业家的生活是我的选项。我成为了一名企业家，这实在让人感到惊讶。

我于1991年开办了自己的企业，但是所做的事成为我一生的事业——运动健身。我毫不费力地开始了基于家庭（家庭办公）的私人训练生意，而且有了我的第一位客户，他正好住在我们这个街区。在我喜欢的事情上获得收入真是非常有趣，最令人高兴的是她也喜欢这件事，她把消息告诉了她的朋友们。不久我发现了瑜伽，我决定开私人体操训练和瑜伽练功房。后来，我在一个更大的练功房开办了令人兴奋的瑜伽生意。

最大的挑战就是我不认识任何其他企业家。我的所有朋友都又做着领工资的工作，他们与企业家的献身精神根本扯不上关系。他们不理解我，不明白我为什么如此勤奋地工作。有时，我一天工作12小时，一周工作7天。有时，一个星期要上 30 节瑜伽课程。

对我这种过度工作的企业家来说，应该寻找一个支持体系。我知道我应该寻找一个支持团队，否则我在这一行干不长久。但是我在哪里能找到他们呢？我在洛杉矶找到了一些女士，发现了许多专业组织。但是对我来说，他们已经失去了相互支持、相互帮助的那份热情。这帮人的首要目标似乎就是互换生意名片，相互拉生意。这不是我想要的。我要找一群女性来支持我的事业，激励我继续前进。

到了 2000 年，我有了 3 年的作为志愿者为非商业目的领导女性组织的经验。于是，我决定将我的领导才能与我对于拥有一群志趣相投的事业伙伴的愿望相结合，建立自己的团队。在每月的第一个星期二，我开始将我的一些朋友召集起来，与她们分享我的想法。这是最有趣的部分。2000 年 4 月份，没有一位自己拥有企业的人来参加我的第一次聚会；他们只是想出去吃中国食品。

我的洞察力很强，我告诉他们我们每月聚会一次，在共进晚餐时探讨企业家精神。不管怎样，我都在每月的第一个星期二举行聚会。4 年后，在没有做任何市场营销和广告的情况下，我们有了 500 名会员，女性组织有了 4 个分会，我们的组织叫做女性自主企业家网络（就是为人们所熟悉的 NEW 企业家，或者简称 NEW）。现在，我在每个月的第一个星期二要与 75 位非常志同道合的、成功的、精神饱满的企业家共进晚餐。

但是，也会有艰难时刻。由于 NEW 的持续发展，我的瑜伽练功房每月亏损 3 000 美元。不包括我，我丈夫，以及其他帮我们运营练功房的人员的工资，我还要多拿出 10 000 美元才能保证练功房不关门。我们每月的毛收入只有 7 000 美元。由于持续每月 3 000 美元的赤字，我觉得应该找人来接手租约了，否则我们就要申请破产关门了。

感谢上帝，2002 年 11 月我们找到了愿以六位数的价格购买我们的企业的人。我们进行了谈判。当我正准备完成这笔交易时，他们发现了我在接手这一生意时未发现的问题。这个生意在这一区域没有取得应有的许可证。没有市里要求的足够的停车位我们是不能营业的。经过 7 个月的谈判，其间我们继续每月损失 3 000 美元，我们与购买者无法达成协议，他们决定不买这个生意了。

那些日子里，承受着难以想像的压力是我人生中的一个侧面，而我们另一个侧面则是看着自己热爱的事业蒸蒸日上。那些年交织着惊喜、兴奋与毁灭性的打击。

感谢上帝，在我们就要关门申请破产程序的时候，有人接手了租约。感谢上帝，瑜伽练功房仅仅成为一个回忆。到目前为止，经营这个企业是我人生中遇到的挑战。有时，我真的惊诧于我和我丈夫竟然能战胜这一困境。感谢上帝，我们拥有彼此；我认为我不可能独自渡过危机。

当我回首往事，我不能相信那仅仅是一年前的事。现在我经营的唯一的生意就是 NEW，我热爱它。它继续以令人惊讶的速度成长。有时它简直好到我都有点不敢相信的地步。我热爱这份事业，我做这份事业根本不觉得自己是在工作，我从这份事业中挣到的钱比在所有我热爱的其他事业上挣到的钱都多。最棒的是，我有一个庞大的志同道合的女性组成的协会，她们的支持使我在品格、事业、精神、财务等方面达到了最佳状态。为她们提供服务，帮助她们达到同我一样的状态是对她们最好的回报。

我 的 经 验

如果想让企业成功，我就必须能够掌控企业的业务数据。

做我热爱的事业。如果我要取得事业和人生的成功，我必须对我所做的事业有激情。

在我准备投入某一事业之前，要尽我所能对这一事业进行调研。

要研究这一事业的有关数据。当我决定进入几乎置我于死地的练功房这一行业时，我没有做好调查研究工作。如果想让企业成功，我就必须能够掌控企业的业务数据。

让那些有"我能做到"这种正面态度的人围绕在我周围，而远离那些持有"我做不到"这种负面态度的人。我有责任去发掘那些能够支持我并信任我的志同道合的人们。大多数人生活在"我做不到"的恐惧、怀疑与担忧中。花时间与那些生活上有潜力、有信念、精力充沛，充满爱心的人们共处。

仅仅在某些事情上的失败并不意味着整个人生的失败。这仅仅意味着我在某些事情上的尝试失败了。要从失败中汲取教训，利用这些教训引导自己走向新的更好的未来。

如何在你的企业中应用我的经验

了解你公司的财务状况至关重要。月度财务报表是必要的，它可以帮助你发现问题的苗头，以防出现大的危机。

你不能将阅读财务报表的工作放权给公司里的其他任何人。如果这是你自己的企业，那么负责企业的盈亏是你的终极责任。如果你不懂如何阅读财务报表，找人来帮助你。学习足够的审查财务报表的能力。向你的簿记员、注册会计师，以及其他与财务状况有关的人进行质询是完全可以被接受的。

要求每月 15 日拿到财务信息。这是及时了解你公司的运营情况的最佳途径。

30. 竞争对手挖走了我的员工

汤姆

居者有其屋有限责任公司总裁与创始人

我家居住在内华达州里诺市的最富有地区，是一个贫困家庭。我在 13 岁时就开办了自己的企业，部分原因是我想补贴家用，因为当时我们的生活全靠我姐姐那点微薄的收入；部分原因则在于我喜欢拥有自己的企业——向拥有百万身家冲刺。我曾向当地银行经理申请了一个支票存款账户，我认为我可以通过雇用我的朋友们挣更多的钱，并付给他们公平的薪水。这一作为企业家必须具备的企业家精神的简化版本成为我今天赖以生存，与我每天的生活息息相关的一种激情。

在我 16 岁的时候，我管理着一家零售店，这份工作帮助我支付着我在圣弗朗西斯科地区上大学的费用。我的管理能力引起了一位在一家大银行工作的朋友的注意。在我还不了解银行业务的时候就被招进了银行，不久我就成为这家有着 140 年历史的银行的最年轻的副总裁。在这里我了解了企业贷款业务，我也意识到我在这一领域有着天生的、特殊的才能。

在这座城市生活了几年之后，我搬回里诺创办我的企业。我开了两家小公司，都不成功。不管怎样，我还是转回借贷这一行，尽管我曾是个企业放贷者，我还是快速转变为居民放贷者。里诺很小，由于门槛很低，进入房屋抵押贷款市场是容易的。我赚了很多钱，我的事业成长很快。然而，这还不能算是真正的成功。

在 1992 年和 1993 年，房地产市场出现井喷。人们需要放贷，我提供贷款给他们。尽管 1994 年经历了由于利率上升导致的市场跳水，业务蒸蒸日上。我较早认识到了"这不仅仅是一笔贷款，这更是一种体验"这一理念，我一直集中精力，给予申请家庭贷款的客户从未体验过的最棒的服务。

天道酬勤。1995 年，在房屋抵押贷款最糟糕的一年里，我得到了机会购买我所供职的一家房屋抵押贷款的一部分。我抓住了这次机会，我的公司 Hammond 的独立分部（类似于特许经营企业）。在这一严重的混乱时期，许多其他企业都退出了这个市场，而 1995 年却是我们成长最迅速的一年。

我有一个很棒的团队，我集中精力拓展市场，坚守着我们的核心理念"居者有其屋"。这句话成了我们在报纸与平面广告中的标志性口号。最后，这一口号变成了我们公司的名字。我们也一直坚持与其他企业不同的核心理念；我们真诚地关心每一位客户，以及他们的境况。我们深知如果我们为客户提供优质的服务，他们一生都将是我们的客户，而不仅仅与我们打一次交道。

在接下来的 4 年中，我们的特许经营份额由于与我们地位一样的几家特许经营分公司的变化而经历了一些变化。一家分公司的老板退休了。另一家的老板决定不再做房屋抵押贷款生意而退出了。第三家的老板则遭遇了财务问题，濒临破产，还差点把我们拉下水。然而，我们一直坚持的"居者有其屋"，和"这不仅仅是贷款，这更是一种体验"的理念帮助我们渡过了这些变化与波澜。

每经历一次变化，我们都会换一个新名字，这样做的代价高昂，且让客户感到困惑。最后，我决定开始行动，开办自己的企业。居者有其屋（IntoHome）有限责任公司在 1999 年 6 月 26 日成立了。我要让内华达州北部的每一个人都了解我的公司。我在广告、网站设计和邮寄广告上花费了天文数字的资金。我们成功了。我们引起了关注。我们要让企业成几何级数地增长。然而，我们也因此欠下了巨额债务。

3 年后，我决定引入新的投资者。协议已达成，律师已准备好了所有需签署的文件。当我们蓄势待发之际，一家拥有雄厚资金的大银行来到里诺，开始聘请我们最有生产力的员工。这一行业开始呈现从未有过的繁荣；这像极了 90 年代网络行业的疯狂。他向我的人作出了不可思议的承诺，这种承诺简直无法让人拒绝，而且我也根本无法给出同样的承诺。

一个接一个，我的团队成员开始跳槽了。在一个很短的时间内，我由一家向投资者承诺我们会成为一家高质量的、盈利的企业变成了有价资产迅速蒸发的企业。我与投资者进行了一场艰难的会晤，我告知了他们所发生的一切。他们的回应让人很欣慰。他们说，"我们投资给你，我们相信你。你需要收缩和重组，我们没有意见"。

我随后开始想办法留住员工，我对他们说，"伙计们，即使我们只剩下 5 位员工，我也会将剩下的人重新整合，保留我们的团队"。我们最差的时候员工从 30 个人减少到 13 个人。

我们挺过来了。自从我们与 Hammond 公司的合伙协议终止以来两年的时间里，我们处境艰难；在这段时间里，我的人员数量曾恢复到了 28 个人，随后稳定在了 18 个人，我的目标是逐步将人员数量增加到 25 人。总的来说，执着于核心理念使我们前进，现在，一切都尘埃落定，2004 年成为我们的好年景。投资者满意于他们所得到的回报，我们则对现在的生活质量很满意。我也明白了一个道理，变化会带来困难，但是一切都会好起来的。

我 的 经 验

我必须坚定，顽强，对成功充满信心。会有顺境。也会有逆境。坚定我的目标。对我来说就是让我的团队坚持"居者有其屋"和"这不仅仅是一次贷款，这更是一种体验"

的理念。如果不热爱我所做的事业，我就要选择做其他事情。

作为企业总裁和企业主，我的行为与态度决定着工作氛围。尽可能保持积极正面的、值得信赖的态度是我的责任。当我积极快乐时，我的团队也会有同样的表现。当我感到挫败和沮丧时，办公室的气氛就会变得紧张，这对工作环境是有害的。

如果不热爱我所做的事业，我就要选择做其他事情。

如何在你的企业中应用我的经验

坚定执著是至关重要的。坚决推进你的业务计划，但要紧盯外部环境的变化，比如经济环境或者你的竞争对手的动向。如果你的经理们和员工们对外部环境感到担忧，你就要为他们指明方向，一定要让所有人继续做好促使企业走向成功的事情。

时刻关注负面的或者正面的外部力量是你的责任，当这些力量开始影响你的生意时要快速作出反应。

31. 我们的顾问背叛了我们

茱莉亚

双语综合服务企业主

我出生于古巴，8 岁时来到美国。如果你足够努力，这片土地就会充满机会。我在这里接受教育，并成为一名西班牙语教师。我丈夫被调到田纳西州的孟菲斯去工作，因此我就在那里开始了教师生涯。

一天，我丈夫说，"我有个做生意的主意。我们来研究一下吧。我想让你来当老板，因为这样可以使我们在财务、休息等方面更从容些。"

我们做了广泛的调查，协调我们的各项开销，组建公司，于是公司"我们的秋日时光"开业了。这是一家成人看护所，你可以在日间将祖母送到这里。你可以把老年痴呆症患者送到我们这里。也可以把一般的痴呆患者送来。在我们不得不关门之前，我们一直寻求与全市居民签订合同，希望他们把所有康复中的病人送到我们这里。

这是噩梦的开始。我们申请了小企业经营（SBA）贷款。当然，你必须把所有事情都准备好，你才能拿到 SBA 贷款。我丈夫和我的规划几近完美。我们的规划在成本线以下。

营业地点已准备好。然而，在我们距离拿到贷款还有
10 天的时间时，我们却联系不上律师了。我们不断地往他
的办公室打电话。他们却一直回应说他不在。

如果律师不出现，我们就只好关张了。我们的银行主管
说，"我有一个好消息，也有一个坏消息。"贷款确实申请
到了，但是并没有达到我们要求的数额。他们给我们的贷款
是 75 000 美元，比我们申请的数量要少。

我的丈夫盯着他的眼睛说，"你是在签我们的死亡判决
书。那可是我们的启动资金。"

现在，我们只能关掉企业。我们负有道义上的责任，我
们要坚持到月末。我们买了车子，买了房子。我们尽所能保
证员工在月底关张之前能拿到工资。直到最后我们都在支付
他们的保险金，我们还为他们写了很好的推荐信。

最头痛的事情是，因为我们已签署与孟菲斯市的合同，
我们以区区 75 000 美元贷款来运营。我们不得不保证每天
照顾 15－30 位客户。但是，没有足够的资金，我们根本无
法履行合同。

此外，我还有一个 6 岁的孩子，我作为教师的工资根本
无法照顾所有人。我们不得不申请企业破产，同时也不得不
申请个人破产，因为我们所有的个人保障都投到公司里了。

我们之后发现我们是被前任律师和银行主管占了便宜的
四家企业之一。我们实际上申请到了足够数量的贷款。但是
银行主管和律师私吞了其中 75 000 美元，而将我们逼上了

破产之路。

现在距我们创办"我们的秋日时光"已有 8 年之久，据我们个人破产也已 7 年。我们如凤凰涅槃般恢复过来。尽管遭遇过破产，但是，如果我们筹到资金或者找到合适的投资人，我们还会以最快的速度重建企业。

我 的 经 验

我对我的律师和银行主管太过信任。我本以为他们站在我一边，实际上并不是这样。

要寻找不同的融资方式。比如，有一些地区有专为女性企业家提供的创业基金。下一次，我就会在这些地区办企业，因为我就是总裁和首席执行官。

起步阶段，我要更多地依靠自己的力量。尽管我曾为纽约的一家广告事务所工作过，但我却没有亲自为自己的企业做广告营销。没有人比我更了解我的企业，我本应自己做所有的事情。

寻找不同的办法。不要未经考察就相信他人。我将重要的事情交给了不可信的人。

艰难的经历使我们的婚姻更加坚固。

如何在你的企业中应用我的经验

当你创立一家企业时，尽量事必躬亲。节约资金是最重要的。如果某件事或者要花时间，或者要花钱，你就选择花时间去做。你应有一个信念，就是以最少的资金按时将事情办好。

有许多途径可以为初创、新建和已建立的企业融资。你的银行家，你的注册会计师，以及其他财务顾问可以帮助你找到非传统的资金来源。发掘所有的融资渠道。确定你愿意用什么作为贷款抵押物，以及为了获得贷款你愿意放弃多少（比例）对企业的控制权。要搞清楚给予你资金支持的一方能否给予你资金以外的支持。你可能在企业运营方面需要帮助或建议。资金提供者也许能够帮助你，或者建议某人来帮助你。这样做符合他们的最大利益。然而，如果你不开口，他们不会主动为之的。

当你创立一家企业时，尽量事必躬亲。

后 续 故 事

当我们进入破产程序时，虽然面临着很大的压力，但也发生了一些幽默的故事。一旦你进入破产的法律程序，就会有各种各样的信托公司想要为你提供信用服务。一位年轻人在破产名单上看到了我的名字，就打电话给我。他说，"我想告诉你的是我可以为你挽回损失。我可以与你共同努力，你大可不必申请破产。"

我说，"噢，伙计，太棒了。"

他又说，"你欠了多少钱?"

我说，"到你给我打电话为止，我欠了 378 000 美元。"

电话那头一阵沉默。

最后，他说，"那可是比 100 万的 1/4 还多。"

我说，"是的。"

他回答，"噢，天哪，继续去申请破产吧——没人能帮得了你了。"

32. 情绪化阻碍了我

多纳

特别约定有限公司总裁

财务危机总是让我感到恐慌。我的公司曾经历过几次大的财务危机，虽然这些危机我都安然渡过，但是当你的支票账户中只有4美元时，你一定会惶恐不已的。面对危机，你不得不着手解决它。最近一次危机，我先是利用我的信用从银行获得了资金，然后又变卖了一些资产，才算渡过。我得到的教训是：记着要去付自己的私人账单。

也许做企业家最艰难的事情就是你要保证所有事情都运转正常；所有步调都要协调一致。我真不知道我首先想到的是要支付企业账单，而忘了支付私人账单。我运营过许多企业，保持所有事情都协调运转也许是我面临的最大挑战。

当我离开法律学院时，我除了一身债务一无所有。我首先将我的灵魂出卖给了一家大型法律事务公司，在那里我一干就是好几年。我本是怀着帮助他人的理想从事法律工作的。尽管我尝试这一行当的不同领域，但还是很快认识到这根本行不通。

我一度想在公共利益法律部门安顿下来，至少我会对所做的事情心安些。我却震惊地发现，这里的待遇相当低。我找的工作年薪只有 24 000 美元。我离了婚，我意识到我不能靠这样的工作来养活自己。

我不再抱有幻想。我帮不了别人，我需要安顿好自己。我已经到了不得不转变的时候。

我进入了企业界。我要靠我自己，依靠自己的劳动获得丰硕果实。我开的第一桩买卖是一个露天商店。我只是想看看露天商店是如何运营的。我没有任何收获。我卖了商店，感觉更加沮丧。

第二桩买卖是不动产。第三桩是远距离卫星电话企业，专门为企业家提供交流平台。第四桩是一家不动产网站。我们购买价值被低估的不动产或其他商业资产。

当我们通过开放系统研讨会为我们名为"自动化收入"的公司建立课程体系时，我们意识到每一次真正犯的错误是脱离了我们为企业创造的体系。比如，我们将私人关系带到生意中，做买卖不签协议，或者依赖投资人的声望，而不是依靠勤奋努力地工作。我们还了解更多类似问题。然而，我们情绪化地做事情，没有经过逻辑的思考。

仰仗朋友关系而不是建立一个系统，是我们的真正错误。简而言之，我们意识到要避免恐慌，战胜困难，必须搞清楚企业需要什么样的体系。除非是业务需要，否则不要脱离已有体系；不能由于环境的原因，更是不能由于情绪化的原因而这么做。要不断完善体系，而不是偏离体系。

几乎每到艰难时刻，我们都会极其渴望有生意——就是一种饥渴的感觉。这时就容易情绪化。我们需要花费很长时间，以及数万美元才能识别大约每两个月就会出现的生意机会是不是真正的好买卖。

我 的 经 验

记着支付我的个人账单。

不要情绪化。如果我特别渴望做成一笔买卖，这通常不会是一桩好买卖。

如果一桩买卖听上去好的令人难以置信，那么其可信度就值得怀疑。

要建立业务流程体系。依据这一体系办事，一切才会顺利。

所谓"千载难逢的好机会"每两个月就会出现一次。

如何在你的企业中应用我的经验

如果一桩买卖听上去好的令人难以置信，那么其可信度就值得怀疑。许多时候，你特别想做成一桩买卖时，你可能在谈判中作出太多的让步。例外，在你特别需要钱的时候，你也许会作出太大让步。这样就会埋下隐患。

如果你对员工，对一件事，或者对客户情绪失控，那么你就很难对待人或事。处理问题要理性，不要情绪化。与那些能给你提供远见卓识的人交谈，这样就能使你摆脱情绪化的干扰，用理性的思考作出正确的决策。

33. 我们在最差的时光开张

克里斯托弗

我一生的大部分时间都花在酒店行业中。当时，我正准备在佛罗里达开一家新酒店，我们还有 6 个月就要开业了。在佛罗里达，酒店业的旺季是 1 月至 5 月。我们错过了旺季。另外，我们超出预算 200 万美元。我们不得不开业，于是我们在 2001 年 6 月开业了。佛罗里达的 6 月不是旅游旺季。

当时，每一件事都对我们不利。我们在淡季开业。经济也开始下滑。我们正努力保持四星级的评级。2001 年 9 月 11 日的早晨，旅馆的上客率达到 35%。

9 月份传统上来说是一年中发展最慢的季节，当我们听到那些可怕的进攻消息时，我们有两个小的团队。我又一次想到了自己。当美国入侵科威特时，我在维尔京群岛运营着一个酒店。

之前的经历让我感到很大有很大压力，但我知道我必须做什么。我立即开始行动。尽我所能与所有顾客联系，让他们知道所发生的一切，通知他们核对航班。在很短的时间内，所有人都意识到整个航空系统关闭了。

我决定，如果有顾客无法离开，酒店不会多收他们的费用。我们尽所有努力帮助人们回家。其中之一就是我租了一辆车，有一组人专门负责将顾客送到美国中西部。

我发现业务戏剧般地下滑了，我必须做些什么。我们公司于"9·11"之后召开了会议。我们都飞到了克利夫兰去看看可以找出什么办法来使成本彻底降下来。不幸的是，开新酒店是非常困难的，因为你对新酒店抱有相当多的期望。

我们有例会，雇员们可以来询问正在发生的情况。当我们开始形成成本降低计划时，我们必须非常诚实。令人惋惜的是许多雇员没有在酒店工作足够长的时间而没能领到失业补偿。

我尽力让人们轮休，缩减工作时间，当然有些时候，我们还是不得不辞退一些员工。我们最终还是削减了客房、餐厅和门房的服务项目和服务时间。我们最终辞退了20%－25%的人员，这可不是闹着玩的。这是整个计划最艰难的部分。

不管怎样，我们还是挺过了9月份。我们知道如果能撑到10月，就能有所好转。10月份将迎来世界上最大的船舶展览，参观展览的游客们会需要旅馆房间。我们都期盼着，因为订房率在下滑。来的人比预想的要少。结果，我们获得了不错的收益。这次船舶展给了我们些许自信和希望。

11月份，订房率又降下来了。而圣诞节的情况相当好。我们要努力克服困难。我们采取了灵活的方法，我们让雇员们理解如果客人需要什么，却没有现成的可提供，那么你自己要想办法或者努力做到。大多数员工能够理解所发生的一切。我们有一句口号，"我们不想辞退任何人，那么我少工作两天就可以给其他人提供工作机会"。这一做法让我感觉好一些。

一年以后，我有机会领导一个酒店业协会。2001 年 6 月开业以来，我经历了"9·11"，我曾想过不再干酒店这一行了。现在，酒店还开着，而且运营良好。

我 的 经 验

立即行动。我和经理人员在"9·11"事件的当天下午就召开了会议，并开始制定应对计划。

应急处理的同时，要着眼于未来。我们立即处理客户的问题，并制定了下一周的计划和之后几个月的计划。

如何在你的企业中应用我的经验

当洞察到危机发生时，必须要立即制定应急计划，并马上执行。应急计划将拯救你的企业。

一旦你安然渡过危机，你还应保持警惕，以洞察危机的再次发生。如果再次发生的话，你还应快速采取行动，并坚信你能够顺利渡过危机。

应急处理的同时，要着眼于未来。

161

34. 还不够谨小慎微

拉里

我是一名接二连三创立新公司的企业家。我一生都在寻找在技术领域具有潜在价值的企业，这种潜在价值能够带来巨大的股东价值。我发展了一个很棒的团队，他们能帮助我完成这种工作。这样，我就能为股东带来成倍的回报……许多时候，我们的竞争对手也会得到成倍的回报，因为，对于我们的竞争对手而言，我们不仅仅是个威胁。

然而，我最近开创的企业，一家学习解决方案公司，给我带来了前所未有的挑战。我第一次真正学到关于运作企业的知识是在卖掉我的工厂管理软件公司，获得成倍的收益之后，并积极参与 EGL Holdings 和 GE Equity 的并购以及高管咨询项目之时。一家学习公司与 GEL 签署了合作协议，成为 GEL 的合作伙伴，而我则促进了这一合作协议的达成，之后不久那家公司想任命我为 CEO。

最初，我拒绝了他们的任命。他们还是一再坚持，因为他们知道我的履历。他们认为我之前是成功的，我痛恨失败。最终，他们提出了我无法拒绝的条件。他们给我的风险收益比相当诱人。我记起了一句名言："说到底，我们最遗憾的事情是从未冒过险。"

虽然某种程度上受限于两项主要的咨询工作，以及工作期限的要求，我还是勤勉尽责地做好日常工作。我与公司的一位主要客户打交道，公司收益的 80% 来源于这位客户。这是有风险的，这一风险应该被估计到！然而，这家公司似乎对我们公司还满意，并且表示继续用我们的在线培训为他们的 50 000 多名员工提供服务。

我与员工进行了沟通，并审查了软件。软件系统似乎是坚固的。为了某些需要，我们请独立的专家对系统进行了评估，专家给出了积极正面的改进建议。其他小客户对我们也还满意。我觉得对我来说这又是一次打一个漂亮仗的机会，尤其是我们可以吸引当地投资者。

后来，我才认识到我太大意了。在我同意加入公司 4 个月之后，软件的课程账户管理部分崩溃了。事情是怎样发生的？这是由一件好事引起的。由于引进了两个新的课程学习项目，几万新的企业员工用户都要登录，签协议，开始参加我们推广的课程。系统最终达到它的极限。

当我们从内部检查软件时，发现问题并不是表面上看到的那么简单，软件代码不能承受数据量的大规模增长。一件看似公司成长过程中的好现象却隐藏着危机，当最近加入新课程的员工客户大量增加时，危机终于爆发了。数据管理模式需要改变，这牵涉到要修改 80 万行代码。

软件崩溃带来的最严重问题是，我们的那位主要客户，我曾通过谨慎研究认为他对我们还满意的那客户，提出了一个长期规划，这一规划建议他们公司寻找能够提供与我们相同的服务的其他供货商。很明显，我们有可能失去最主要的客户。忽然间，我们以一个小企业的身份要与 IBM，Siebold，SAP，以及其他财富 500 强企业竞争，以求得生存。

在我"发现"问题之前，我接受了挑战，我正在领导着这家企业。当发现会影响到客户的问题时，我通常的做法不是首先修复问题，而是首先与客户沟通，让局面先缓和，然后再着手解决问题。这一次，我没有这样做。为什么？由于我刚刚上任，与那位客户还没有建立关系，而我们的客户部门与那位客户已建立了关系。我对客户部门提出了与那位客户接触的建议，他们却说不应给客户施加压力。我没有依据自己的直觉行事，而是听从了他们的建议。我真希望自己当时能相信自己的直觉，采取积极主动的策略。

这样，我们就处在了更加危险的境地中，我们正在为生存而战。一个小企业能够打败财富 500 强吗？大卫能够打败歌利阿特（Goliath，巨人）吗？我认为可以。

我们在两个半月之内彻底改写了程序。这项工作本应花费 6 个月的时间，我们作出了无比艰巨的努力才在这么短的时间里完成。现在，程序运转正常了，出问题的程序代码被清除了。数据模式变得强大了，而且软件可以承受数据量的大规模增加。令我们感到骄傲的另一件事情是，我们为客户提供了更好的解决方案。我们为那家主要客户企业的支持者提供了出色的注册财务规划师的服务。他们有超过 200 项详细的核心成功标准，我们将这些标准用于为他们进行财务规划。同时，我保证达到他们对产品的要求，兑现我们的承诺，不辜负他们对我们的信任。毕竟，供货商的选择能够影响企业的持续发展。

幸运的是，在我们改写程序期间，我们的最大客户没有转向其他供货商。

我们到处寻找在"核心业务"上需要我们的平台和项目的市场。我们赢得了一些客户。我们所有人，包括软件设计者，都将注意力集中在销售、发现和赢得新客户上。为了达到一定的收益水平，在得到更好的预购价格的基础上，我们对期权方案和退休金保留计划进行了进一步讨论。新的期权方案和红利支付办法也在讨论中。

每个星期，我们都能赢得新的，满意的客户。每个星期我们的竞争力都在增强。每个星期我们对那家大客户的依赖性都有所减弱，当然，无论我们的企业规模怎样发展壮大，这家客户对我们来说都是重要的。我们永远不会忘记朋友。

我们能够生存下去吗？我不知道。只能说，成功与失败的可能性各半。作为一个企业家，我痛恨失败。

我 的 经 验

作为领导者，我认为压力是一件好事。它迫使我们努力向前。它迫使每一个人集中精力，把心思放在工作上，所有人都向同一方向努力。我们绝对不会骄傲自满。我们也决不会厌倦。危机感是一件好事。

我应该一直听从自己的直觉。

我正确看待危机。当有什么人对我大喊大叫，或者有什么人做了损失金钱，丢失客户的蠢事，就会使我想起我在军队里所承受的更为严重的压力。在生意场上没有什么事情能比你的身体，你的生命时刻处于危险中时的压力更大。那才是真正的压力。

尽管我认为自己已足够小心谨慎，考虑问题还算周到，但是在实际工作中还是会有意想不到的情况。在危机时刻保持冷静（我有这种遗传基因）有助于用清醒的头脑思考，有助于团队集中精力，保持乐观，有效行动。

记住巴顿的一句名言"胜利的秘密就是不要失败"，它对我是有益处的。

如何在你的企业应用我的经验

要一直从你的经理和员工那里接受信息。如果他们以前与客户一起工作过，他们就会清楚如何服务于那些客户。但是，你要作出最终的决定，并且为这一决定负责。你要对具体情况作研究。要考虑到你的决定可能带来的合意和不合意的结果。经过研究，如果你的直觉告诉你应该作出不同于你的经理人员所建议的决策，那么就按照你的直觉去做。

尽管我认为自己已足够小心谨慎，考虑问题还算周到，但是在实际工作中还是会有意想不到的情况。

如果你的一位客户主导了你的大部分业务，害怕失去这位客户的担忧可能使你不得不同意这位客户的要求，即使这会让你没有利润。不要害怕对不能带来利润的要求说"不"。如果答应这样的要求，你的企业就可能倒闭。

35. 贪婪蒙蔽了我的双眼

匿名

这个故事所涉及的内容对所有企业来说，都可以称之为梦魇。我看机场月刊时，一篇文章吸引了我的注意力。文章内容好像是说"如何赚到 100 万或者 200 万美元"。这是一本受人尊敬的商业杂志。正常情况下，我从来都对这种事情不屑一顾，不知什么原因，我这次把这篇文章撕了下来。回到家，我就按文章上的地址打了电话。

这是一桩有关门诊康复综合设备的生意，简称为 CORFs。接电话的人说他和我在同一地方长大。这样，我的感觉就比较好了，于是就问了更多关于这一生意的事情。

那人讲解了有关 CORFs 的情况，并说我所在的地理区域将建 3 个销售点。我可以在距我所在位置仅几小时的地方建一个销售点。他还进一步强调它的企业了解建立销售点的所有关键步骤。另外，他还强调他们盈利状况很好。

我们聊了大约一个小时，这生意听起来很有趣。他说如果我感兴趣，可以到凤凰城参加一天的培训。经过培训后，我如果还感兴趣，我再开始进行下一步。

当时，我助手的女儿正在另一个州的病后恢复行业工作。我给她打了电话，告诉她有关那桩生意的事。我问她的想法。她的回答使我相信他们说的还是可信的。她所工作的地方为病人在家里输血。尽管她在一个很小的地方办公，但公司的毛利润达到几百万美元。这激起了我更大的兴趣。我觉得这桩生意真的有钱赚。

我邀请她跟我一起飞赴凤凰城。她同意了，我为她支付参与培训等所有费用。我认为她可以了解技术方面的情况，我可以了解业务方面的情况。

培训持续了 8 个小时。一共有 40 位对此感兴趣的人参加了培训。来自那家公司的几个人与我们进行了交流。他们谈到了技术层面的情况，但谈论的大部分内容还是生意的盈利情况。情况看起来很不错。在回机场的路上，我对她说，"这看起来是不是像个圈套？"我真应该听从自己的直觉。

我在那里还认识了一个叫查理（化名）的人，他答应与我保持联系。我们开始共同努力。我们努力了大约三周。这一过程中呈现出一些警示信息，但都没有引起我们足够的注意。当然，我们应该注意这些警示信息，但我们却没有这么做。最严重的是，尽管他们说有三百家 CORFs 机构遍布全美，但他们不告诉人们任何一家机构的名字。他们说这是保密信息。

他们倒是给了我们几个可以联系的人。一共有 5 个人分属 4 个不同的地区。我与在达拉斯的两个人进行了联系，并飞到他们那里看了他们的设备。我与他们谈了大约五、六个小时，仔细研究了 CORFs 给的所有财务信息。他们说他们的设备很棒。你在那里可以看到 CORFs 给你的所有东西。他们说他们还要开第三家店。因此，我也与其他三个人进行了沟通，他们说的都一样。

经过这一系列的调研，我开始相信这不是一个骗局。我还得进一步证明他们说的是否属实。你要安装一套设备，就需要付给他们165 000 美元。他们帮助你安装设备，与你签订租赁合同，这看上去像是特许经营。他们帮助你申请执照，负责所有开业事宜。如果你要开第二家店，你只需要先支付一半费用，18 个月后再支付另一半。

我不会满足于只开一家店。我打算在我所在地区开两家店，然后开第三家，之后再开第四家。我的远景是，在全美多个地方开设多个中心。我开始寻找资金，引入其他投资人。

2002 年 6 月，我给了他们一张 25 万美元的支票，又去了趟凤凰城的总部。我们在那里呆了两天时间。我异常兴奋，有种灵魂出窍的感觉。我简直是迫不及待了。

我返回后，就开始焦急地等待计划来帮助我们安装设备人的到来。两三个星期过去了，还是没有那几个人的消息。在此期间，我们忙于做筹资备忘录，忙于吸引投资人的加入。我找了正在经营一家工程公司的朋友，说服他相信他可以经营这种设备。他同意了，并要求利润分成。

大约 2002 年 7 月 22 日，我收到了一份邮件，我并没有要求他们发这份邮件。那家公司的什么人犯了个错误，这份邮件是发给所有 300 家 CORFs 加盟者的。但她忘了将发件地址设为隐藏形式，这样，我就得到了所有 300 家加盟商的地址。一夜之间，所有加盟者都知道了相互的地址。这时，我还是对真相一无所知。这封邮件并没有困扰我，我只是把它删除了。

第二天，我接到之前约定来我这里帮助我组建医疗队伍的一位女士的电话。她说，"顺便说一句，现在正有一家 CORFs 加盟商在你所在的区域开店呢。他们坚持要这么做，他们认为你们那一区域可以支撑多于一家 CORFs 加盟商。"

"什么?!"我正在筹建销售点，他们曾保证这里只开一家店。然而，由于我们有特许经营权，他们的这一承诺没有形成文字资料。我要求她作出解释。我想要他们详细说明情况。她答应让我在另一个区域开店。最大的问题是，为了提高效率，我打算开连锁店。为此必须要一个医疗指导来负责三家或者更多家店面。

潘多拉盒子被打开了。我说，"很明显，我不同意这么做。你们说一套做一套。"

我找回之前的那些邮件，开始按那些地址联系其他加盟商。那天深夜，我与三四个人谈了此事，他们也告诉了我他们的恐怖遭遇。这些加盟商根本就没有 CORFs 所宣称的那么可观的盈利。我与一个离我很近的加盟者进行了沟通，他请求我接下他的加盟店，他已投入 50 万美元，当时已濒临破产。

于是，我求助于律师。我想看看有什么办法要回我付给他们的 25 万美元。

首先，我妻子非常支持我。当我跟她讨论我该怎么办时，她盯着我的眼睛对我说，"你难道愿意跟这样的人共事吗？"我意识到她说得有道理。我曾一度理不清头绪，现在终于清醒了。

我给他们发了一封信，要求他们把钱还给我。当然，我没有拿到钱。我的朋友查理也遭遇了相同的情形，只是他只投入 165 000 美元，比起我投入的 25 万美元还是少了不少。这场诉讼涉及大约 40 个人。

那家公司最终破产了，我认为我要回钱的可能性几乎为零。

我 的 经 验

这是一次难以置信的经历。我惯于听取其他人的建议，我在整个职业生涯中都坚持这一原则。我会与不同的人交流。出现这一问题的部分原因是我太兴奋了，简直是极度兴奋，这就让我将所有人的建议都看成是赞成这桩生意。

我有此失误是由于心存贪婪。我太想挣那么多钱了，以至于我根本没有深究那些不可信的蛛丝马迹。最主要的责任在我自己。我迫不及待想多开几家店，我认为我捡到了一个大便宜。这种想法影响了我的判断力。

如果我完全没有戒备心，最明显的警示信息也不会引起我的警觉。他们指定与我们联系的那四个人实际上是他们花钱雇的托。

从我的角度来说，在我之前与企业打交道的经历中，也有一些公司拖欠账款的，但都是些小问题。我之前从未与如此不诚实的人打交道，因此根本不擅长与他们共处。

我是个成熟的生意人。我应该更加小心谨慎，花更多时间去调查研究。如果这是一次绝佳的机会，那么未来它还是我的。如果我再多调研一个月，我可能就会避免 25 万美元的损失。

我一直认为，我可以为打翻牛奶而哭泣，但这对我并无益处。偶尔想起这件事，我会感到相当懊恼，但是我应该往前走，因为懊恼解决不了任何问题。

我可以为打翻牛奶而哭泣，但这对我并无益处。

如何在你的企业中应用我的经验

当你将挣钱做为你开办企业的唯一原因时，你就有可能失败。为什么？因为你作决定时会变得情绪化，而缺乏理性。退一步，再理性地审视一下所谓的机会。如果它看上去还像是真的，那么它可能真是个机会。然而，如果情绪化蒙蔽了你的双眼，你可能看不清真实情况，这样你就会血本无归。

要花大力气去评估商业机会。不仅仅要与项目推广人员交流，也要与加盟者沟通。从不同的角度研究商业机会。当你征求非竞争领域的业主们关于你要购买一个企业的想法时，他们更可能告诉你他们真实的想法。要通过理性的分析，而不是一时冲动来确定这是不是适合你投入其中的生意。

36. 关键职员辞职了

赖安

布罗德维克公司首席执行官

我曾为佛罗里达一家卖营养保健食品的公司工作。我建立了拥有大约 6 万个客户的客户清单。当我们每月定期发布月度通讯时，我们不得不让电脑持续为此工作 24 小时才能发完所有通讯。应该找个更好的办法。

之后，我去查珀尔希尔上大学。在这里，我遇到一个人，他开发的软件具有我所需要的功能。我们打算合资办公司。我们要将软件推向市场。最终，在 2003 年初，我们决定成立一家股份公司，开发软件，将软件推向市场使其商业化。布罗德维克公司由此诞生。

有太多的事情要做。首先就是确定公司的股权结构。我们有两个主要合伙人。但是，还有另外四五个人要与我们一起工作或是给我们投资。我们与一个人签了合同，然后再拿给第二个人征询意见。然后再拿给第三个，第四个人，等等。来来回回反复讨论调整了大约两个月，所有合同都搞定了。

我们不拿工资。我们于 2003 年雇了第一位雇员，这是我们最担心的事。我不知道他能否做满 30 天。我们觉得对为我们工作的人负有责任，但我们却不知道他能不能一直在这里干下去。结果，我们保住了他。

我要说的是，在那一年的秋季和早冬时节是我们感到最有压力的日子，我们真的不知道公司能否办下去。我们不知道能否找到足够的客户从而获得收入，来偿还债务，支付账单。当我们在二月份雇了一位软件开发人员后，情况变得更糟。我们能让他干下去吗？

我们的企业很小，每一位员工对我们是否能够成功都很重要。6个月之后，我们的第一位雇员离职去上研究生了。我们要找一位好的替代者，我们低估了找到一位合适员工要花的时间。我们以为花上两个星期的时间就能找到合适的人选。实际上所花的时间要长的多。

我们面试了大约20人，最后在他离开之前一个星期确定了一个人选。但是培训的第一天，她就没来。我们花了很大工夫挑选适合我们的这个人选。这个人却决定不来我们这里了。我们感到很沮丧，因为选人工作又得从头开始。但是，我们不得不这么做。

同时，我们还需认真服务于我们的客户，努力支撑公司的快速成长。在新人员未找到之前，每个人都要延长工作时间。我们早晨7点开始工作，晚上9点才能把所有事情做完。

这期间，我的女朋友给了我很大帮助。她帮我减轻了压力。我们会外出几个小时散散心。我们会在吃饭时聊聊天，在看电影时想想心事。

我们已有 438 家客户使用我们的软件制作、发送、跟踪他们给订阅者的邮件和简讯。我们的月增长速度达到10% – 20%——对于刚刚办了一年多的企业来说，这个成绩还是不错的。

我 的 经 验

开始时，知道我的目标，却真的不清楚达到目标的路径。我要耐心等待，所有的事情会慢慢走上正轨的（只要我能够筹集到资金，我有好产品，我有好的团队）。开始时不太可能万事俱备。但是一定要开始做。

开始时，我们真的不知道我们可以理顺所有的事情。我们不是很了解市场，我们也不是很了解应该雇用什么样的人。我们只得走三步退一步，在学习曲线的底步来回摇摆。

咬牙坚持，我终究会组成一个很好的团队。

如何在你的企业中应用我的经验

要调研市场。如果你卖的是市场并不真正需要的东西，或者你的产品质量不过关，即使你终年辛苦工作，也得不到想要的结果。

要倾听客户和市场的声音。企业利润增长的最佳途径就

开始时不太可能万事俱备。但是一定要开始做。

177

是在客户中有良好口碑。至少一个季度与你的客户沟通一次，如果可能应更加经常地沟通。沟通方式可以采取私人交流，电话沟通，以及调研等。

通过诱导性通信形式让客户以及潜在客户了解公司新的产品和服务。要在通信中包含对于客户更好地运营企业有帮助的资料。另外，要向当前客户介绍（经过客户允许）使用现有产品和服务的独特、差别化的方法。这将帮助你的公司与客户保持联系，并增加销售额。

37. 直觉告诉我有什么地方不对劲

莫尼卡

我在计算机科学行业干了超过 15 年，一直在大型企业干。我对现有工作感到越来越厌倦，想转行作计算机咨询。我想与不同的组织和公司打交道，做不同类型的项目，不想只做单一的项目。

我开始为许多报纸和杂志写专栏文章。一位女性朋友说她有个朋友有意办一个杂志。那个人以前就办过一份杂志，听她这么一说，我就一直在想："既然我可以给这些杂志写文章。我为什么不自己办一份杂志呢？"

我和她的那位朋友见了面。他是位思路清晰、勤奋、立场鲜明的人。他看上去是个保守的人。我从未想到要去核实他的背景或者有关他的一些其他信息（一般情况下，我是会这么做的），因为我与我的女性朋友已相识 8 年之久，是她介绍我与他认识的。而且，她之前与他一起工作过。

我打算做类似于环球名人坊的杂志。她介绍的那个人给我带来了他之前所做杂志的样本。这一杂志样本并不符合他的个人特点。里面都是汽车以及几乎一丝不挂的女人。他给人的印象可不像做这种杂志的人。这是第一个警示信号，但是我却完全没有介意。我仍然感觉跟他在一起很舒服，因为，我认为这是我想做的事情，而且我觉得他拥有可以帮我达到目标的知识。

他答应让我做杂志的独立出版商兼主编。我来决定杂志的全部内容。简而言之，这是我的杂志，他只提供资金支持。我接受了他的提议。

实际上，我为杂志所涉及的知名人士的故事撰写了合同，他也都签了字。每一个合同都包括知名人士的概况分析，写作和编辑的费用，差旅费等等。

我打算去密歇根的底特律作一次访谈。他为我安排了所有事情——预定航班，酒店和租车。当我准备出发到机场时，我接到了一个电话，通知我信用卡被拒收了。随后不久，他就给我打来一个电话，由于他不知道他的信用卡出了什么毛病，他将给我带现金过来。我告诉他，如果安排上出问题的话，我只得取消这次访谈了。他驱车来到我家，给了我 1 200 美元的现金，够我支付机票以及部分租车费用。幸运的是，酒店费用都付清了（他之后告诉我是用他妹妹的信用卡支付的）。我有点怀疑，但很快也就忘了此事，因为此时距离飞机起飞只有大约两小时的时间了。

对 3 位名人的拍照与访谈照常进行。当我完成工作时，我通常会立即将费用清单报给他，但是由于这次太忙了，我拖了 3 个星期才报账。我预期他会按协议规定 30 日之内结账。至此，所有的故事已做完了。

然而，30 天的期限到了，他没有结账。他说他实在太忙。但是，此时，我必须要付钱给编辑、作者、摄影师，以及其他参与摄制的人员。这些费用高达 3 万美元。

期间，我接到一个电话，给我打电话的人说，"谢谢你接替了我的工作，因为他也曾让我做发行商和主编。我只是想让你知道，这家伙不会付账给任何人的"。

我确实有点相信这个电话了，我给那位与我合作的先生打了电话。我告诉他我接到了那样一个电话，我问他："这是怎么回事?"他回答："噢，那人只是一个心怀不满的员工而已。"于是，我说，"你同样没有为我付账，这难道不能说明他说的是真的吗?"我的直觉告诉我，那人的话是真的。

我决定不再与他共事，并给他写了一封信，要求解除与他的协议。他一直给我打电话说，他不明白我为什么要以这样的方式离开公司。我告诉他，我并不真想离开公司。我是独立发行人，但我没有得到收入。

我决定再投资 3 000 美元将这期杂志付印。我选择自己掏了制作杂志的那 3 万美元，因为我认为这是一个信誉问题。我不想对那些知名人士，作者以及其他参与项目的人爽约。为了支付这些费用，我决定卖了我的房子，以便取出二次房屋抵押贷款。

我 的 经 验

对各种警示信号要保持警惕——它们往往预示着什么地方存在严重问题。

即使什么人看上去很老到，很可信，但是你要听自己的直觉。

即使什么人看上去很老到，很可信，但是你要听自己的直觉。

我改变了价格策略。我目前的价格策略是，首先付50%预付款，校样通过之后，付印之前，另外50%的款项就得到位。公司目前承揽写作，编辑，图片设计等业务。我坚决执行我的价格策略。无论对于大客户还是对于回头客，我都是一视同仁，因为有时候人们会忘了付款，或者干脆故意拖延付款，我不想应对这样的问题。

目前我们的杂志已成为橱窗的陈列物。我的确在以多种方式挽回着损失。

如何在你的企业中应用我的经验

要对公司产生的所有资料进行备份，这些资料包括：宣传彩页，产品，客户服务，媒体报道。你可以为一个客户对资料进行修改，然后利用这一原则或模板服务于另一个客户。你永远不会知道你什么时候会再用到这些资料。

要及时催款。如果你给客户的付款期限为30天，到第

31 天你还没有收到款，那么你就要电话催一下。你的客户就会明白你对于款项能否按期到位是认真的。你的簿记员或者其他办公人员可以负责这件事。然而，你必须确认电话是否打了，以及对方的反馈如何。

38. 我全靠自己

派特

我是在供热和空调企业的环境中长大的。我父亲于1952 年开创了这样一个企业，我和我的兄弟从 5 岁开始就已经在父亲的企业里工作了。我曾想从父亲手里买下这家企业。然而，他坚持让我的兄弟做我的合伙人。我拒绝了，因为我的兄弟是个酗酒者，根本不可能在企业里有效率地工作。他是个祸害，我可不愿意给自己加上这么个紧箍咒。

于是，经过多次与父亲的谈判破裂，我于1984 年 9 月 1日创立了自己的公司。毕竟，我时年 34 岁，还年轻，可以做很多事情。我拥有金融学学位，拥有技术教育背景，了解如何定价。有什么难的呢？可是，不久我就意识到，事情不像我想像的那么容易。

1984 年 9 月 1 日，我是公司的唯一员工。我只有一位顾客：是泽西城的一位商人，他了解我的能力。于是，我立刻就有业务了，但不幸的是，我的银行账户上没有钱，我举债过度。困难超乎我的想象。

我不断地问自己，"你可以找到活干吗？你能把工作做好吗？你能在你的报价限额内完成工作吗？"如果完全是我自己完成工作，我会做得很好。但是当我把工作分包出去时，我却遇到了问题。

我天真地依照我亲自完成所有工作的情况，为公司的工作和服务定价。我认为，无论怎样，每个人都应具有与我一样的职业道德。我雇用员工时，总是假定人们有较好的工作速度与工作质量（比如，以我的速度和质量去工作）。这是我犯的主要错误。

我很长时间都一直工作到深夜。我的脑子里时刻都装着工作。我下班回家，吃过晚饭之后，在看我女儿玩垒球的同时，还要做所有与企业工作有关的事情。管道是否完全铺设好了，合同是否签妥了，施工材料是否都发货了。我放权给一位员工，让他完全按我的方式去做所有的事情。一切都安排妥当了。两天后我察看工作进展时，发现我们要做三倍于原来工作量的装修工作。他决定改变工作方式，因为他不愿受条条框框的约束。他确定以新的方式能把工作做得更好，但却要花双倍的钱。

那么，我该怎么办？我解雇了他。我说，"我不需要你改变我的方式，我可以比你更快地让这些该死的管子开始工作。"我证明给他看，也许我这样做都是多余的，但我还是这么做了。

随后，我陷入了无望的境地。我不得不时刻盯着，才能使工作正常进行，我没办法接更多的活，因为一切都要亲力亲为。我在连轴转。我的工作做得还不错。然而，我却没时间接更多的活。如果我将工作打包出去，工作就不能很好地完成，我接的活越多，完成情况就越差。

我妻子在办公室工作。不幸的是，她身陷财务数据的困扰中，当财务数据不好时，她也不想让我操心。她不向我通报财务数据，于是，出现了多米诺骨牌效应，当我发现财务状况有问题时，公司已出现巨大亏空。

我决定将公司员工由10－12名缩减为2名。这似乎可以解决问题。但是，问题并没有得到解决。我建立起了拥有10－12名员工的企业，我无法支撑这种规模的企业的债务负担。

我们还是坚持了一段时间。到我决定关张的时候，我已背负了至少25万美元的债务。我不断地祈祷。我明白支付账单，支付税款、利息以及所有这些事情是多么困难。

我接手的每一项工作都完成了。不幸的是，我的企业也被拖垮了。

我的企业维持了10年。因为充分认识到由于过度融资，企业已债台高筑，我于1991年前后开始收缩企业。但是，企业还是无法生存下去。我有两个孩子，我必须有收入。这家企业已不能给我足够的收入来养家糊口。我开始从事教学工作，就此走上了一条完全不同的道路。到2004年，我还清了那家企业所欠的最后一笔债。

我 的 经 验

员工是一个企业最重要的资产。可惜的是，在20年前的那些日子里，我没能好好挑选我最重要的资产。我做了与其他人一样的事情：我急需人手，无论人们是否适合相应的工作岗位，我都一古脑地把他们招募进来。之后的大多数问题都是由此产生的。生产率因而下降。我必须将合适的人选安排在合适的位置上。

我需要一个支持团队。

我必须获得资金方面的支撑。

我还会再办一家企业吗？是的，我会的。但我一定会在创办企业之前做很多的准备工作，没有合适的资金支持，我是不会贸然行动的。我还要找一群指导者，以便随时向他们请教。

> 如果你想自己做所有的事情，你就会陷入危险的自我循环中。

如何在你的企业中应用我的经验

如果你想自己做所有的事情，你就会陷入危险的自我循环中。你需要去做营销工作，直到你找到生意，然后你要马不停蹄地去做生产方面的工作。当这单生意做完后，你还要去做另一轮营销工作。当你做营销时，你就无法从事生产工作；当你做生产工作时，你就无法展开营销。这会让你筋疲力尽，最终毁了你的公司。

你必须在市场营销方面进行持续的努力。你可以通过广告和市场渗透程序来达到你的营销目的。所谓市场渗透是指

每月展开日常化的、小规模、针对客户的营销行动。你可以
以电子邮件、明信片或者其他的广告形式将信息送达给你的
客户。关键在于要持续稳定地向客户传递信息。

39. 我一天之内损失了收益的 25%

卡伦

企业保险系统公司

我母亲是企业保险系统公司的客户，她的一位经销商需要临时的客户服务帮助。因此，我在上大学的头一年就为这位经销商工作。随后，我转为全职工作，只能花晚上的时间上课，逃过了所有看上去毫无意义的基础课程。

当我看到公司的销售代表挣得比我多得多时，我决定也做销售。由于还没有拿到大学学位，我能找到的唯一的销售工作就是卖人寿保险。我在卖保险的两年中干得还是比较成功的，接受了不少销售方面的培训，也获得了不少销售经验。我的祖父母们都拥有自己的企业，因此我一直对办自己的企业感兴趣。

当我决定搬到亚特兰大时，我对购买一家企业保险系统公司的经销权感兴趣，但是这家公司在亚特兰大地区不卖经销权。于是，我去了一家企业的总部做了一名客户拓展经理。当企业在亚特兰大地区可以出售经销权后，我就买了企业现有客户中的一部分客户的经销权。尽管有些高层管理者认为我不会成功的，但我认为他们还是挺乐意把我踢出管理层的，因为我不善于遵守公司所谓的制度，也不懂得"沉默是金"。

我终于有了自己的企业。刚开始驱使我前进的动力是那些认为我不行的人。我开始努力拓展业务，不是为了自我满足，而是为了向他们证明自己。

终于有一天，我想明白了，为了向否定者证明自己而努力经营是愚蠢的。我要为自己而努力。我就此改变。同时，我也遇到了前所未有的挑战。

我的一位客户可以给我们带来 25 万美元的收益。企业保险系统公司要求更新与他们的合约，但是客户却不愿接受这样的变化。我没有办法让公司保持合约条款不变。于是，一夜之间，我损失了 25 万美元……这大约相当于我当时企业收益的 25%。

我简直是暴跳如雷。我只能接受现实，因为我对此无能为力。我只是大海里的一条小鱼。我还是要生存下去。我的企业要生存下去。

我不能不艰难前行。我告诉员工们，在找到能够代替那位大客户的客户之前，我们要过紧日子了。我问他们有些什么建议。他们的建议提醒我，我遗忘了我们成功的秘诀：成百上千的小客户要比一个大客户好得多。于是，我联系了我们现有的客户，希望他们能推荐新的客户。我发誓再也不能让一个客户左右我的生意了。

于是，我慢慢地重建了客户群。回过头来看，我从小客户那里得到的最终收益比从大客户那里得到的多。即使失去其中一个客户，也不会对我们的业务造成太大影响。

我 的 经 验

不要让一个客户的生意额度占到我公司全部生意额的 25%。

我的目的应是拥有属于自己的企业，而不是向其他什么人证明我能做到这一点。

在丢掉这样一个大客户之后，我通过建立一个小客户群体看到了成功的曙光，我决定将注意力集中在小客户身上。我们将业务控制在我和员工能够掌控的范围之内，重复着我们熟悉的业务。我不再奢望获得一次上百万美元的生意。我们是盈利的。我对我的收入满意，我对我的企业一直是一家我可以掌控的小企业感到满意。

> 我通过建立一个小客户群体看到了成功的曙光，我决定将注意力集中在小客户身上。

如何在你的企业中应用我的经验

赢得一个大客户是令人兴奋的。但是如果这个大客户给你带来的收益占了你公司全部收益的 20% 却是一件危险的事情。客户当然喜欢这样，因为这样你会把更多的注意力放在他身上。但是，他可以要求在协议中指定一些条款，这会导致你无利可图。

与这样一个大客户合作的另一个危险是，你通常要花费相当多的时间来找他的替代者。销售周期比较长，找一个替代者要花数月的时间。即使你有充足的现金储备，但是到你找到另一位大客户之时，你的现金储备可能已消耗殆尽。

当你找到一家大客户时，你就要立即开始寻找第二家，第三家……以便使这个大客户给你带来的生意额低于你全部生意额的 20% 。这样，如果你的某一位客户离你而去，也不至于使你的企业陷入倒闭的危险之中。

40. 我所在的行业是男性主导的行业

比利

库德维尔银行家商业商标资产有限公司首席执行官

不动产行业曾一度为男性所独占。20 年前，当我进入这一行业时，这一行业根本看不到女性的身影，这一行业长时间为男性所占领。我的故事由此开始。

我的父亲是一位管道和建筑总承包商，他热爱建筑行业。因此，我对企业的商业运作方面比较熟悉。我在一家大型心理健康专业集团做业务经理，集团中有几个医生涉足了不动产投资。在他们进行第一次商业地产开发时，我给他们帮忙，我发现我很享受这一开发过程。我上瘾了。

我认识了唐·沃特森和奥尔顿·史密斯，这两位先生在住宅不动产方面做得非常成功，而且有良好的声誉。他们打算创建一家商业不动产公司，我同意参与他们的冒险。同时，我开办了商标资产公司，现在更名为库德维尔银行家商业商标资产有限公司。

起初，我不得不克服作为一名女性，一个娇小的女人所遇到的特有的挑战。我的娇小身材给我贴上了易于被恐吓和操控的标签。我的竞争者们并不怕我，或者说，并不认为我值得重视，因此，他们轻视我。这反而变成了我的优势。

尽管竞争者轻视我，我觉得我的合作者信任我，因为他们了解我，他们相信我的职业道德。当他们作出出色的决定时，我尊重他们；当他们出现状况时，我会很好地与他们沟通。我知道什么时候扮演专家的角色，什么时候扮演支持者的角色，他们明白我的动机是单纯的。他们支持我的决定，甚至是在他们认为我错了的时候。

偿付账单一直是我最大的梦魇。开始的时候，我觉得我的生意离关门大吉不远了。我就在"悬崖边上"。现金从哪里来？幸运的是，我的合作者一直在提醒我，我们是可以复苏的，只要我们坚韧不拔，就可以渡过难关。

早些时候，我不怎么向员工透露我们所面临的困难。然而，我必须让他们知道发生了什么。自从我们创办企业以来，第一次与雇员间的沟通就是关于支付危机的问题。

我与核心员工们开了个会，寻求他们的帮助。我们讨论了如何能够远离"悬崖"，应怎样步调一致使我们生存下去。他们无一例外地选择与我共同奋斗。他们简直就是我的家人，我没有理由使他们失去工作。

我找了一位与我们关系良好的管理和业务顾问。她与我耐心地审视我们所处的状况。她帮助我认识到必须作出怎样的决策。我本来知道应该怎么办——但我却没有付诸行动。

我们建立了一个短期业务审查程序，以便能帮助监控每天的经营状况。令人感到高兴的是，当时建立的这套审查程序一直沿用到现在。

我在许多方面是先行者。严肃认真地对待你自己与生俱来的，对你工作不利的一些特质（你的性别，你的体格）不是一件轻松的事。你需要去战斗，需要付出双倍于男性的努力才能奠定你在业界的声誉。你在工作中必须表现完美，因为批评的声音总是如影随形。

我坚持不懈地努力。我幸运地吸引了那些没有性别歧视想法的客户。我为那些需要好的产品与服务，而不在乎性别问题的客户合作。我坚持不懈地证明我们是本行业中最好的，我们努力建立自己的声誉，并努力保持良好的声誉。我学会了处理支付危机，随着我们的成长，这类危机越来越少。

通过努力工作，注重质量，我们成功了，我们盈利了。最终，我们开始与其他企业进行出售或者合并业务的交易。我不想放弃每天的即时控制，以至于我们的工作总是会为此暂时停顿。库德维尔银行家的介入对我们来讲是件非常好的事。我们保持住了地位，并保持了以我们熟悉的最佳方式在市场中运作的能力。同时，我们还拥有最强大的商业不动产企业品牌所拥有的国际资源做后盾。这真是一个伟大的合作伙伴。

我本质上是个顽固倔强的人，这种顽固与倔强转化为不屈不挠，坚持到底，永不服输的精神。正是这种不服输的精神驱使我在曾经是，而且目前依然是由男性统治的市场中取得成功。

我 的 经 验

我会犯错误。尽管这样，我还是可以生存下去。

让人们帮助我。当我接受他人的帮助时，我会加倍感受到骄傲，忠诚，加倍地得到承诺。

我的祖母总是跟我说，如果我做了一件正确的事情，那么好事就会相继出现。如果我感到难以作出决定，那就扔硬币吧。在硬币落下之前，我心中希望看到硬币的那一面，就是答案。我的祖母是对的。她是一位光彩照人的女性。

我 会 犯 错 误。尽 管 这 样，我 还 是 可 以 生 存 下 去。

如何在你的企业中应用我的经验

生意人有三种类型。第一种生意人犯错误，却并不从中汲取教训。他们不会很成功。第二种生意人犯错误，但会从中汲取教训。绝大多数生意人属于这一类。第三种类型的生意人则是从他人的错误中汲取教训，他们本人从不犯别人犯过的错误。要想成为这样的生意人，你必须与你所在行业的人士去沟通，从他们的智慧中汲取养分。阅读相关书籍，参加培训班，参与相互之间没有竞争关系的生意人团体。你还是会犯错误。但是，你不会犯与他人相同的错误。当你犯错误时，围绕在你身边的人们会帮你纠正错误。

不要害怕成为你所在领域中第一个吃螃蟹的人。如果你是独特的，你拥有良好的公共关系，也许你已在媒体上进行了宣传。然而，你还是要保证你所选择的传播媒介是你的客户能够看到、听到，和读到的。

41. 跌破市场底价

匿名

我丈夫和我购买了一家制造企业。作为工程师，我丈夫负责生产过程的正常运行，我负责公司的销售、市场、财务等方面的工作。

我们将公司发展为价值几百万美元，为医疗设备和生物技术市场生产高端专业化产品的企业。作为本行业的专业厂商，我们受到了一些财富500强企业的关注，它们成为我们的顾客。

我们的一家财富500强企业客户给了我们一单几百万美元的生意。我们为此在新设备和新模具的原材料上投资150万美元。我们雇用新员工，作了所有满足这家企业需要的努力。然而，意想不到的事情发生了，市场底价被击穿了，那家财富500强企业没有订购我们的任何产品。

我们沮丧地守着新购入的设备、原材料、新雇的员工，以及为购进新设备而产生的账单。按照这一订单制造的产品无法转订给任何其他企业，因为产品是按它们企业的规格生产的。市场上，没有人能从任何制造商那里得到订单。芯片业务也开始萎缩。我们煎熬了整整14个月。

在这一艰苦的过程中，我们经过深思熟虑决定保留我们所有的长期雇员。我们解雇了临时员工。这一做法向我们的长期员工们传递了一个信息，他们比临时员工更有价值。我们认为不能失去专业团队，因为一旦失去，重建将是相当困难的。

为了达到上述目的，我们取消了夜班班次的加班补贴。每位员工的工资下调了 20%，这一举措持续了 3 个月，而我和丈夫则超过一年未领薪水。

我们保留所有的长期员工有两个原因。第一，他们是我们 15 年成功经验的一部分，他们就如同我们的家人一样。第二，他们储备了大量的知识，以至于如果没有他们，等到繁荣期到来时，公司再想起步将是很困难的。

每一笔支出，我都会给雇员发一个备忘录，这样他们就能了解公司的状况，了解公司的成功所在，公司所面临的挑战，以及我们正在采取怎样的应对措施。直到现在，虽然危机已过去，我还是会每两星期给员工发一份这样的备忘录，因为这样可以避免流言四起。没有什么比谣言传得更快的了。如果我不说明真实情况，人们就会妄加猜测。

为了能够保证公司年底能够盈利，我们持续 14 个月未领取一笔薪酬。我们完全可以报告上一年是亏损的，这样做大家都能够理解。然而，我们与我们的银行关系密切，我不愿意这么做。亏损报告将不利于我们将来为购置新设备的贷款申请，以及进一步提高信贷限额。由于我确实将银行考虑在内，所以银行了解我所作的努力。

我丈夫和我每天都要锻炼和散步。这有助于我们团结一致，相互支持。另外，我还在花园里拔草，照顾花卉。最起码，拔草这些小事可以缓解一天的压力。

朋友们围绕在我们身边。其中有些人与我们境遇相同，有些则与我们不同。他们鼓舞着我们，他们让我们相信黑暗过去就是黎明，我们只是遇到了商业周期。

令我们感到慌张的是，我们第一次超过一年未领到薪水。我们不断地祈祷，密切关注我们的客户，以防失掉他们。

人们预测到这次危机会超过一年。我们继续偿还贷款。我们守着极其昂贵的发明，却无法将其用于其他项目。我们明白哪家企业迟早会给我们订单的，这只是个时间问题，但正是这一点使我们感到沮丧。

我的同行们经历了三年的痛苦煎熬，我激励雇员们，我告诉他们尽管大家感到痛苦，但是我们至少还拥有工作。我们还能从其他客户那里得到一些订单，知道我们还有希望。我们的生意会迎来转机的——问题是还要等多长时间？因此，我们只得不断地提醒员工们，我们为什么会处于这样的境遇，我们正在作出怎样的努力，情况一定会好转的。等到转机来临时，我们会看到更好的结果。

转机还是到来了。在那艰苦的 18 个月里，我们偿还了所有的贷款，保住了我们的员工，保持了我们与银行的良好关系。我们从未拖欠房租，也未拖欠过供货商，更没有拖欠工人的工资。我们保证每一个与我们打交道的人都得到妥善照应，但我们让所有人都明白我们的艰辛。我们的许多朋友由于没有坚定生存下去的决心，这次危机使他们退出了这一行业。

我 的 经 验

当危机时刻到来时，要与我的员工沟通。与员工的沟通多多益善。如果每个人都要减薪的话，我自己就要首先做出榜样。

丈夫和朋友们的支持很重要。他们帮助我们在黑暗中看到希望。

我要有生存下去的决心。体育锻炼与拔草等可以帮助你舒缓压力。

保持幽默感。

当危机时刻到来时，要与我的员工沟通。

如何在你的企业中运用我的经验

大家要分享好年景，也要共同应对艰难岁月。己所不欲，勿施于人。这就意味着，如果一定要削减工资，你自己的工资减幅应是最大的。如果你不拿一分薪水，雇员们会疑惑你是如何支付私人账单的。要全面说明你依靠自己的储蓄生活。

在好年景，要与你的雇员分享利润。为了赢得这些利润，每个人都参与其中，并努力工作。建立一个利润分享机制。每个人都应了解利润是怎样创造出来的，又是怎样分配的。你不必教雇员们去读财务报表。但是，他们应对自己的工作如何影响成本和收益有基本的了解。多数情况下，一旦他们了解了他们的工作与成本和收益之间的关系，他们就会提出增加收益和降低成本的各种建议。

42. 我想成为英雄

匿名

我为一家大企业工作了 17 年之久，尽管还算成功，我还是认为为其他人工作，得不到我想要的东西。我决定购买一家企业。我接触了一些破产者，寻找一些可能的机会。但是一无所获。

有一天，我在《星期日》报上看到了一则广告，一家大的经营热浴缸的企业需要有能力者帮助他们摆脱破产的阴影。这则广告引起了我的注意。我能帮他们。那家企业的业主将业务从加利福尼亚转到了华盛顿。

我天真地认为成功地为一家企业工作所获得的经验和能力足以用来运营一家小企业……尤其当这家小企业面临困境、濒临倒闭时。我兴奋不已。我认为我能成为英雄。

结果，我忽视了所有显而易见的问题。最糟糕的是，那个寻找合作伙伴的家伙实际上正是驱使企业破产的罪魁祸首。我忽视了所有可能揭示事实真相的细节。我忽视了朋友们和妻子对这件事的看法。我一门心思想做这件事。

妻子斩钉截铁地反对我这么做，朋友们则开诚布公地表明了怀疑的态度。而我却认为他们看错了。我有退休金和储蓄存款。我又向家里人借了一些钱，我要让那公司运转起来。我准备拯救这家企业。

我们达成了协议。我成为这家企业的总裁。股权五五分成。我没有听取任何人的建议。我不愿纠缠于会计系统。我们没有财务报表。我只是急不可耐地跳进来，企图迅速使企业走上正轨。

我们开始生产了一个热浴缸，并且展开零售业务。我们卖了那只热浴缸，获得了现金，然后用这些钱再造另一个。我们卖了第二个产品后，又用所获得的现金生产了两个产品。我们又卖出了两个产品，接着又生产了四个产品。

我加入这家公司三四个月后，开始受到怀疑。我的父亲，一位会计师，询问我有关他在我这里的投资怎样了。我却不能很好地回答他的问题，因为我仍然完全忽略所有应注意的事情……包括我父亲的忠告。我认为任何事情都不能动摇我的梦想。

我妻子非常小心谨慎，她对于我不断向这家企业注资感到愤怒。当资金短缺时，我就会把更多的钱投进去。我的合作伙伴把我玩得团团转。他会说："除非我们再投放一些报纸广告，找到一些客户，我们这个星期五就会倒闭。"

由于我父亲不满意我的回答，他决定自己考察事实的真相。他到全国各地考察我们的经营状况，他惊讶地发现我们没有建立财务报表。他开始汇集财务报表。

他将账面上的出入给我看。我依然无动于衷。我父亲明智地要求撤回他的投资。我把他的投资还给了他。即使这样，我错误的信念都没有动摇。

随着销售业绩的迅速增长，企业也成长了，我无法再事无巨细地关注我所做的每一项工作了。我要负责支付所有账单，尝试了解企业的生产。我还要照顾有关客户，人员管理，以及企业成长等方方面面的管理工作。

当我授权我的商业伙伴签支票的权力时，这家企业的丧钟敲响了。我们的增长趋势被毁掉了……我们的偿债能力……我的偿债能力统统被毁掉了。

一年之内，公司销售了大约100万美元的热浴缸。我授予他签支票的权力之后，我们没有缴纳一分钱的税。我们没有支付广告费用。有些客户从未收到他们购买的热浴缸。这时，有40个人为我们工作。这简直就是噩梦。

我的合作伙伴不知所踪。我才发现我根本不知道他的真实姓名。我甚至不知道他的社保号码。

当我那所谓的"生意伙伴"消失之后，我想卖掉公司。我想关门大吉，但是却无法一蹴而就。我登记了破产，摆脱了这家企业。我几乎做了这家企业的陪葬品。

在我加入这家企业到申请破产的整个过程中，我不断地将自己的储蓄和现金资产投入进去。当企业终结时，我签下了大量个人担保。我遭到了比我想像的多得多的债权人的起诉，我只得根据经济法第13章，宣告个人破产。整个过程整整持续了两年之久。根据我签署的破产协议，我用了一年半的时间偿还债务。

我 的 经 验

不要凭一时冲动行事。我有梦想，但是这一梦想却过于天真。我一贯希望拥有英雄主义人格。这是我心中理想的性格特征。孩提时期，我观看所有西部牛仔的电影，我总是把自己想像成乘着一骑白马，惩处恶人，拯救美丽姑娘的人物。我最终发现了金子，从此以后所有人都过上了幸福生活。这是我的美好梦想，我的前任合作伙伴了解这一点。我不愿让自己看透事实真相，因为我不愿意美好的梦幻破灭。

我一再作出糟糕的决定，而且对自己所有的决定都负责到底。我作这些决定，是因为不想失败。我总是认为无论怎样都能找到解决问题的办法。一个企业需要计划，需要收支平衡，需要财务控制。

不要授予我的合作伙伴花我的钱的权力。永远不要这么做。

如何在你的企业中运用我的经验

当你刚愎自用时，你的企业将会受到拖累，甚至会失败。作商业决策是不能够刚愎自用的。

你必须作精确的月度财务报告。这可以帮助你及时了解企业的运营情况，防微杜渐，跟踪企业盈利能力的增加或者

当你刚愎自用时，你的企业将会受到拖累，甚至会失败。

减少。

微小的变化可能是亏损或者工作不力的信号。除非你每个月都收到财务报告，这些微小变化通常是不易察觉的。对于发现的问题，要立即采取措施来解决它。

大多数情况下，不愿做财务报表的原因是企业主不想面对糟糕的事情。然而，为了企业的生存，你必须了解公司真实的财务状况。只要你了解了实情，无论它有多么糟糕，你就可以制定计划，着手扭转局面，使公司走向盈利。

43. 过于乐观

洛莉塔

20世纪90年代初，我们与政府部门签订了为其提供计算机软件的合同。作为一家小型、由妇女掌控的企业，像我们这样的企业很少能得到这类合同。因为 Wordperfect 是当时政府机构选择使用的文字处理软件，微软与我们达成协议，要求我们以特惠价格向国防部各机构提供 Microsoft Office。我们将直接从微软订购这一软件套餐，而不是通过我们通常的渠道。由于已到一个财年的末期，我们迅速地发出了订购邮件，而微软此时却更换了他们负责政府部门的销售代表。我们希望得到10万美元至20万美元的订单。在发出特惠订购报价不久的一个星期日，我来到办公室，发现微软给了我们100万美元的订购合同。

问题严重了。为什么？年末，我们还有另外超过200万美元的软件和硬件订单。根据新的会计制度，无论你是谁，无论你的客户是谁，无论你的信用状况如何，微软的授信限额只有5万美元。我们的信用额度根本不够用。政府部门是在到货后60-90天内付款，而微软要求30天，甚至更短的时间内付款。更糟的是，一旦你达到授信额度，微软就停止供货，直到你的赊账额降下来。就是时间问题。

我承受着巨大的压力。我们以能够提供优秀的客户服务，能够快速供货而骄傲。我们需要保有与政府的合同。我应该从哪里找到资金来兑现这些合同呢？我走出办公室，走进我的车里，打开天窗，开到很远的地方，放声大叫。

一旦释放了压力之后，我的头脑又开始工作了。首先，要将订单排出优先等级。谁的订单是最重要的？当然是政府部门的。我列了一张单子，将客户排了个次序。

其次，我可以从哪里得到解燃眉之急的短期现金？我们已达到授信额度的极限，增加这一额度的可能性微乎其微。再想想？能不能向家里人借一些呢。我向我的姐姐借了些钱……虽然不是太多，但还是有帮助的。

再次，我向排在最低优先等级的政府部门客户发了信：鉴于未预料到的大量订单，希望允许我们在 30－60 天内发货。这一发货速度比我们以往的一至两周长得多。有一些人抱怨，但不是很多。大多数客户接受了我们的请求，很高兴我让他们提前知道什么时候能够发货。

最后，我们守着电话，尽可能快地得到到货信息。政府部门的到货信息是没什么用的。当时，无论怎样，政府的付款时间都雷打不动，就是 60－90 天内。快速付款法还未出台。然而，所有其他客户在我们为其发货将近 30 天，或者 30 天过一点时，都给我们打来电话，礼貌地询问我们希望何时得到支付。通过这些电话沟通，我们比往常更快地得到了现金支付。这些现金立即支付给了微软，以便从他们那里订购更多的产品，发送给我们的政府部门客户。

整个过程整整持续了 4 个月。当时，我简直就不想看邮件，不想再看到更多订单。太成功也会带来巨大压力，巨量的订单使我们找不到足够的现金来应付这些订单。

我花了不少时间在车里，打开天窗，大声喊叫。这种歇斯底里的做法还是有帮助的。诚实地对待客户，搜集到货信息，将订单排出优先等级，这些做法帮了大忙。

我 的 经 验

"特惠"买卖太成功也许不完全是好事。

如果我自以为有足够的信贷额度，足够的现金，也许事实并非如此。

放声大叫可以暂时舒缓压力。我必须作出足以应对现金短缺的可行计划。

如何在你的企业中应用我的经验

要惯于用小样本测试你的广告效果。如果发现广告效果不佳，你就不要再将更多的钱浪费在不起作用的媒体上了。如果你发现广告很成功，你就可以按计划投放广告，以使你能够获得更多产品订单。但是，一定不要让你的客户失望，一定不要出现现金短缺。

尽你所能申请最高的信贷限额。大多数情况下，只要你没有超出信贷额度，你是不会被控告的。另外，当获得大订单，或者出现现金短缺时，你就要想尽各种办法去获得现金。

44. 我的出版商破产了

艾德里

生活魔法公司首席执行官

独立出版杂志上称我为能量兔，因为无论发生什么事情，我都会回来的。

我对我所做的事情充满激情。然而，这激情能激励我不断前进，有时也使我陷入麻烦。我成长于华盛顿特区的一个政治家庭。当我获得许可写作《美国的王室：肯尼迪家族：新生代》时，我已做好准备。能与一家大出版商合作，并且他们是由于我良好的个人信誉而给我这一写作机会，我感到非常兴奋，因此也未与这家出版商签订规范的合同。长话短说。这家出版商倒闭了，我没有收到合同承诺的一分钱，或者我所写资料的所有权。

当我认识到我对这样的情况无能为力时，我决定去写些我喜欢的东西。我写的第二部书是一本诗集，名为《虹的感动》。我很快意识到虽然我的朋友和家人喜欢它，但这本书是没有市场的。

我在大学里学的是记者专业，我从孩提时起就开始写作。到了应该严肃认真的时候了。我对如何将图书推向市场进行了调查研究。我结婚了并且有了三个孩子之后，发现写一些自己喜爱的东西是非常有价值的。我儿子将我的第三本书命名为《妈妈的魔法》。这一次，接受以往的教训，我自己发行这本书，我找到了一家出版商。

我对我感兴趣的出版商进行了调查研究。我的一位朋友通过他们卖了 10 种书，并得到了支付。然而，他们后来也破产了，我找不回我的书了。我真是欲哭无泪了。

我蛰伏了两年。我不想写作了。我想做一些其他的事情。我爸爸开了一家零售店，已经两年了。我可以做零售吗？我购买了一家位于卡尔斯班的儿童用品精品店。我认真理性地思考经营方略。我喜欢孩子，我怎样才能做得更好呢？我不是天生勤奋的人。我只是想走出以往失败的阴影。另外，我之前都做了功课，结果最终还是失败了。

我并不想钻牛角尖，我只是想看到我希望的结果。我认为我正步入一个盈利的行业。事实并非如此。更糟糕的是，前业主还偷了我店里的东西。我找了警察，帮我要回了我的商品。我的经营持续了一年。我终于明白零售业不适合我。那么我到底适合做什么呢？

当时，我觉得我简直就是坏运气的吸铁石。我到底能不能做对事情呢？一天晚上，有人打电话给我，她正在办一家名为"畅游书海"的公司。那是一家目录售书公司，卖一些类似于我写的一本书的书籍。我打算支持同类人。我订购了上千本图书。不管你信不信，他们也破产了。然而，至少我付钱给他们了。也许，我由此开始转运了。

经历了这么多，我学到了什么？我意识到我还是在写作上有激情。零售业不适合我。我从孩提时期就开始了写作。我的人生是要传递爱。写作是我做得最好，也是我最喜欢的事。我是固执的，我不想放弃。回顾以往的经历，事实上，如果我想要做好零售工作的话，我就会做好的。我只是心思还放在写作上。

我明白了我想要什么。我能否为我的书找到其他出路？我不知道。但我知道我永远不会放弃。

坚持做自己热爱的事情；如果我尝试做此以外的事情，我的心不在上面，我不会成功的。

我 的 经 验

成功的人是那些能够熬过艰难时刻的人，挺过去，继续前行。

坚持做自己热爱的事情；如果我尝试做此以外的事情，我的心不在上面，我不会成功的。

如何在你的企业应用我的经验

有时，要经过多年的努力，你的企业才能成功。如果你对自己所做的事有信心，并且使你的客户数量不断增加，你的事业就能建立起来。增强盈利能力的每一小步最终会引领你达到你想要的目标。

45. 意想不到的压力

罗彻里

控速科技首席执行官

我离开一家为之工作了15年之久，并在这里取得成功的大型电信企业的举动，令所有人都感到吃惊。我曾获得过总裁俱乐部奖，我还将成为下一期企业杂志所报道的7位最有魄力的女性人物之一。然而，在我心目中，持续将精力投入到一家企业，而不去关心企业运营效率，这并不符合我对成功的认识。我要去寻找这辈子真正想做的事情。

离开公司后，我首先做的就是参加了一个称为"明星"的培训项目。这一项目由巴巴拉·芬迪森创立，这一三星期的高强度强化培训项目使我开始"理性"思考我的人生，让我有了前所未有的激情。我学会了怎样不在压力驱使下生活。我重新获得了激情，有了快乐的感觉。我准备好再次出发了。

度过了5个星期的假期，我开始了独立的咨询业务生涯，与企业、政府、教育界的领袖探讨组织绩效和企业发展问题。经过几年的努力，我从咨询业务所获得的收益帮助我进行了从不动产革新到软件事业发展等多项创业风险投资。1994年，我在新加坡启动了一个小咨询项目。后来，发展为两个项目，之后又发展为 3 个项目。正当第三个项目被取消时，我决定再多呆 1 年。

我没有就此放弃打道回府，我将注意力转向不同于企业咨询业务的另一项风险投资中。新加坡的几位新朋友鼓励我将我的爱好个人色彩分析在新加坡发展为一桩生意。于是，我制定了商业计划书，建立了一个合资企业。尽管有足够的动力，好的客户，非常棒的研讨会，但是收益却不足以使我们在生活指数如此高昂的城市生存下去。在去亚特兰大观光之前，我搬出了我再也负担不起的那所房子，将物品寄存到了朋友那里。

在亚特兰大的 5 个星期，我的心情更加灰暗。回到新加坡时，我面对一大堆麻烦，人际关系面临危机，家里的不动产生意也出了问题，真不知道接下来还会遇到什么麻烦事。幸运的是，我可以帮朋友照看房子。但是我还是有点抓狂。我没有收入，没有项目，没有希望找到足够的钱待下去。

我内心充满焦虑。我想要让自己恢复"理性"的努力根本不起作用，我夜不成寐，不知该如何是好。根据我做情绪舒缓工作的经验，我明白焦虑情绪是无法直接消除的。纠结的情绪造成一种行将就木的感觉——这种感觉成为你生活的障碍。为了摆脱焦虑，以及恐惧和受伤害这样的情绪，就必须从纠结混乱中走出来，按部就班地去处理问题。

一天，午夜过后，我决定不再沉浸在纠结混乱中。我准备着手处理这一大堆麻烦事。想到此，我又开始情绪激动。

我开始大哭，并开始摔枕头——实际上，我是在厘清思路——找出最迫在眉睫的事。愤怒，恐惧，受伤害，羞耻，自责，愤怒，我做错了什么……所有这些词汇一起涌上心头。然后，这些词汇逐渐使我的思路变得清晰："我害怕我的母亲和兄弟们对我感到失望。"那么，如果他们感到失望，会怎么样呢？"他们就不爱我了……如果他们不爱我了……我就会死。"于是，我找到了问题的根源。我的恐惧，我焦虑的根源，并不是没有钱，也不是可能破产，或者生意失败。而是怕我母亲和兄弟们失望，他们是我潜意识当中，我赖以生存下去的爱的源泉。

我明白这一生存信念缺乏逻辑性，但却是真的，它是我生命的驱动力。它深藏在我的潜意识当中，我拿它毫无办法。我一度感到承受着巨大压力。但是现在，我看到了问题的本质，我就可以着手改变现状。我明白，作为一个"成年人"，我真正的爱的源泉、能量的源泉并非来自于我的母亲和兄弟们……而是来自于永恒的信念。于是，我换了个角度看问题。我将我两年来的担心失去他们的爱的恐惧的想法，转变为庆幸他们的爱依然与我同在。

然后，我挑了一本关于"禅"的书，上面写道："生活中没有什么是保险的……除了它就是一次冒险这件事。"

我扪心自问，"对我来说什么是最糟糕的情境？破产？实际上，它只是冒险的一部分而已。人生有高潮也有低谷。无论我处在高潮还是低谷……都只是不同的经历而已"。

有了这样的想法——我感觉到我能够驾驭这些风险，并静观其变。我的压力卸除了，我又感受到了生命的律动。

三天之内，我做出了一个新的项目。这就如同打开了一扇门，我开始挣钱了。我可以继续做我喜欢的工作，继续扮演企业家这一角色。事实再一次证明，安全感来自于我的内心，并不来自于你做了些什么。

我 的 经 验

当感到压力时，人们往往抱怨周围环境。我发现这样做是非理性的，而且只能使压力更大。我开展咨询工作和进行商业冒险的最近 15 年里，我的注意力大多放在了转化的关键时刻。一些我作出的重大突破的催化剂正是来源于财务"危机"。

我的职业生涯的重点在于不断进取。而不是沿着一条所谓"成功路径"走下去（比如，在一家大企业工作 30 年），作为一位企业家，"潮涨潮落"的冒险经历既给了我形成和发展自己想法的机会，也给了我在艰难时刻将危机转化为契机的机遇。我不断地获得更多的自由，更多的选择，更多的激情，更多的成功。这是多么精彩的人生！

如何在你的企业中应用我的经验

大多数情况下，造成问题的正是企业家自己。我与一些企业共同努力，帮助它们走出了危机。我离开时，它们已运转良好。一年后，它们会又一次陷入危机，许多时候比原来更差。我发现，是企业主破坏了自己的成功。他们由于厌倦而尝试改变运转良好的机制。

当你成功以后，一定不要轻易改变什么，除非你的竞争对手，市场或经济环境迫使你改变。如果你没什么事情可做，就去做慈善事业。回报社会，享受成功的果实！

46. 我没有留意财务报表

莫琳

现代科技服务与革命性企业文件管理解决方案公司首席执行官

我们心情沉重地离开了律师事务所。我和我的合伙人（也是我的投资人）在驱车回办公室的路上都不想说话。处理破产业务的律师已绘声绘色地为我们描述了进入破产程序的细节。我无话可说。当时，我觉得我要作其他的选择。破产不是我的选项。我不能进入破产程序。一定还有别的办法堵上我给企业造成的 70 万美元的亏空。

我们如何落入这样的窘境？我们想发展企业。我想要开足马力做销售。我四处寻找，雇了一位我以为有能力发展企业的人。他的推荐信很棒。但他却是一个不合格的管理人员。我继续任公司的董事会主席和总裁。我任命他为 CEO，给他运营企业的自由。

我犯了个错误。他做所有事都要花钱。公司中每一个人都换了新设备。他雇了一家猎头公司帮助招聘人员，付给这家公司我们负担不起的高额费用。他雇用那些"应声虫"。他不缴纳工资税。他使我们陷入无法应付的债务中。

更糟的是，他还造假账。他薪酬中的一部分是根据公司业绩获得的奖金，他造假账的目的是为了确保能获得奖金。

这些事情发生的时候，我在做什么？我正在愉快地做着自己喜欢的事。我能做销售，也可以为企业找到生意。但是，我无法在较短的时间里找到足够的生意弥补亏空。我对于真实情况一无所知。

当那位 CEO 打算将企业的一部分卖给第三方，同时他还打算把我也卖了，我意识到我们陷入了麻烦。他开始与第三方谈雇用合同，其中包括雇用我的协议。我根本就没打算卖掉企业。直到他犯了如此严重的错误，我才意识到问题的严重性。我开始深入调查问题的真相。

当他打算把公司和我一起卖掉时，我立即把他解雇了，开始重新掌管公司的运营。我对财务报表进行了审计。可以想像，当我发现我们欠了几十万美元的债务时，以及拖欠国内收入署税收时，我是多么的吃惊。

作为企业家，我不能失败。我必须想办法渡过这一难关。我了解我们在软件市场上有自己的位置，并且拥有优秀的客户。可惜的是，销售周期太长。然而，当客户用我们的程序使他们的程序变得更有效率时，他们就会成为回头客。我开始从现有的客户中寻找机会，要求他们推荐客户。这一做法奏效了。

4 年后，我们还在堵当初的窟窿。我还在努力销售。不同的是，我关注财务报表。业务已稳定下来，利润开始增加。

我 的 经 验

如果是自己的企业，就不能放下所有责任。我不能不审阅财务报表。

如果我的产品过硬，我的销售能力很强，我就能渡过难关。我要尽最大努力向我的客户展示我能帮助他们节省时间和金钱。

尽管不容易，但我要尽快作出反应。

如果是自己的企业，就不能放下所有责任。

如何在你的企业中应用我的经验

当你遭遇现金短缺时，可以带来利润的销售是解决问题的最佳途径。向你现有的客户寻求帮助，给他们提供额外的产品和服务。

47. 客户威胁不向我们付款

史蒂夫

天霸机械公司首席执行官

我从未想过自己会成为一位企业家。我对当时的现状很满意。我热衷于运营 TD 工业公司的一家分公司，TD 公司是一家建筑公司，它一直雄踞于财富 500 强企业的前 10 位。这是一家值得为其工作的企业，我为它工作的 12 年里，不断取得进步。1998 年的一天，我面临一个选择：或者将我运营的分公司从 TD 剥离成为一家独立的企业，或者关闭它。就我个人而言，两个方案对我来说没什么差别。但我觉得我对那些与我一起工作的人们负有责任。我知道对于他们中的有些人来说，失去工作是件不妙的事。因此，我选择成为一名企业家……这样的选择是我之前从未想过的。

在我成为行政官之前，我已参加过企业家速成班。只有我被允许进行个人担保。由于我是个"乐天派"，因此我觉得，"没什么大不了的"。我作出决定后，需要等两个月的时间才能签署书面协议。

这期间，我发现我们的分公司，它不久将成为一家新的公司，简直一团糟，而我就将负责这家企业。这两个月的财务状况显示这家企业根本无法经营下去。我为一家存在破产风险的企业签署了个人担保。我也许会失去我所有的一切。

在此期间，我们正在更换计算机软件。我不能确定这是由于软件故障所致，还是我们的亏损真的如此巨大。除财务危机外，各个部门也失控了，需要处理的业务是人们能够处理的业务量的两三倍。工作人员由于无法处理业务，他们回绝客户说没办法处理业务。

在内心深处，我知道还有时间放弃这一协议，因为最后的协议还未签署。压力？在公司交接的这两个月中，我每晚都测量血压，结果是这一时期我的血压高得不可思议。对外我并没有表现出感受到的巨大压力，但实际上我确实默默承受着。曾经的"乐天派"不再乐天了。我明白自己的状况，而我的团队并没有看到这些。

奇怪的是，我签署协议（包括个人担保）并成为天霸机械公司（我们公司的名字）总裁那天，我的血压恢复了正常，而且此后一直很正常。我也不知道为什么。经过诸多困苦之后，我终于认识到我拥有控制自己命运的能力。我将凭着自己的优势自由徜徉。我的情绪稳定下来，开始管理这家新企业。事情开始有所好转，事实上，情况变得比想像的好得多。

我并没有意识到离危机是多么近。2001 年对于天霸机械看上去是个好年景。在过去 3 年中我们快速成长，我们正在寻找一栋合适的楼，准备购买。2001 年 7 月 15 日，我们买下了一栋楼。我们当时生意不错，我们打算用我们的贷款额度把它彻底装修一下。毕竟，我们是盈利的，我们有现金，我们的生意永远都不会用到贷款的。出人意料的是，我们的预测显示我们不应这么做。我们的企业一直在盈利。

2001 年 9 月 11 日，我们的业务突然停滞了。想要削减开支已经太晚了，我们已计划于 2001 年 9 月 15 日开始迁址。我们于 2001 年 11 月 15 日搬入新址，尽管经过精心规划与协调，我们依然有 4 天的时间没有电话用。我们迁入新址一个星期后，接到了建筑业客户的一封信，信中写道，"我们不能支付之前答应你们的 75 万美元。我们以后也没有办法付给你们了，希望这没有伤害你们。"他们是在开玩笑吗？

我要仔细思考一下该怎么办。我告诉我的合作伙伴们（天霸机械是一家员工持股企业，也就是说企业的每一位员工都持有企业的一部分股份，因此可以称员工为合伙人），并询问他们的建议。

公司已在重新装修时用尽了信贷额度。我求助于银行，请求他们增加我们的信贷额度……毕竟，银行之前曾一度要求我们这么做。银行的回答是：你们要以资产作抵押，我们就给你们贷款，比例是价值两美元的资产抵押获得一美元贷款额度。我感到吃惊，但并没有到震惊的地步。我在想，那么，下一步该如何？天霸机械必须找到现金来支付账单，为了我们的工作能正常进行还得购买材料。

我们与供应商签订了更长期的合同。现在，我们只需

60 天之内付款给供应商，不用像以前那样在 30 天之内付款了。

我们在其他方面也想了许多创造性的办法。我们尽可能对所有东西进行再融资，包括新的洒水设备和我们现有的卡车队。我们必须找现金。我们不考虑利息。我们急需现金。最重要的是我们要生存下去。有现金没有利润，你可以经营下去。而有利润没有现金，你就无法生存。

那年的 12 月，我本应解雇 1/3 的员工。然而，他们都是心地善良，忠诚的人，他们是合作伙伴。我相信企业能够渡过金融危机，人们离开后，我就没办法让他们再回来了。因此，所有人都留了下来。

是向建筑商施加压力的时候了。房屋留置期限快到的时候，我们就给他们打电话。我们提出如果在周五之前不支付一定额度的美元，我们就行使留置权。开始，我们几乎得不到他们承诺的支付款项。

一个星期五，那个建筑商告诉我，如果他们支付给我们，他们就要登记破产。这样，他们还将一分钱都不付给我们。我的反击是："如果你不付款，我们也就完蛋了。因此，我们将立即行使留置权，然后你和我们一起倒闭。"在这句话出口之际，我意识到我已成为一个多么强势的企业家。我成为敢于冒险的人。

在 10 个月之内，我们获得了全部的 75 万美元的支付。我们每个星期都按时付账，有时感到捉襟见肘。我们在合同

规定的期限内向所有供应商、所有应获得分红者以及企业的
其他责任支付款项。

我 的 经 验

勇气和意志力能够帮助我生存下去。

好消息常常并不像听起来那么好，坏消息也常常不像听
起来那么坏。

创造力和沟通能力很关键。尽早寻求帮助。公司的每一
个人和银行主管了解几乎所有的情况。他们都会就如何筹集
资金提出很好的建议。

> 有时，你要冒一些可以预计的风险。

我过去一直是个乐天派。现在在外人看来，我还是个无
忧无虑的人，但是，在内心深处，我却变得更坚强。我是一
个企业家。

如何在你的企业中应用我的经验

有时，你要冒一些可以预计的风险。做足功课。尝试去
确定你的行为可能带来的所有不利结果。一旦你制定了必须
要执行的计划，就要坚定地执行它。

现金流对于生存是至关重要的。每个周末，你都必须确
认你手上有多少启动资金，公司在销售和其他渠道方面的收
益如何，你开了哪些支票，这一切决定你周末的收支情况。

然后，你需要估算现金需求量，以及应对下一周支付账单和其他开销的现金流是多少。如果你没有足够的现金应对账单和开销，那么你最好提前一周想好如何去努力筹集资金以便有足够的现金应付下一周的运营。

48. 我们的事业代价不菲

托马斯

达拉斯蓝色海豚公司首席执行官

我在靠近密苏里的泰晤士海滨长大。在我的家乡，泰晤士海滨和芬顿出现的疾病和环境灾难对我产生了深远影响。我决定要为这个世界带来些变化，尽我所能为我们的后代保护这个星球的环境资源。

在达拉斯的莎士比亚纪念节，我注意到有许多可回收商品或资源在每晚表演后被当作垃圾丢弃。我向组织者提议，请求他们开展回收工作。他们同意了。我很快发现回收工作不是那么容易做。我惊讶地发现，大多数时候，那些本可以回收的东西还是被填埋，或者进入耗能的焚化炉。运输回收物品耗资巨大。由于对于使用原材料生产的产品的补贴，人们确实对于建立回收品市场缺乏动力。

这使我深刻认识到，开展回收工作的最好方法是，我们要购买用回收材料生产的物品。我办了一家名为蓝色海豚公司的企业，这家公司卖由回收材料或者部分有回收材料生产的产品。尽管我热衷于我所做的事情，但公司从一开始就不容乐观。

我们与 Staples 和 Office Depot 这样的办公用品巨鳄展开

竞争，我们要在各个方面与它们较量，我们总是在打折销售。令人感到沮丧的是，作为一家小企业，我们没有定价权。我们通过向公众传递环保信息来与其他企业竞争，我们的诉求是："与其购买那些便宜的产品（然后再为净化水和空气，以及损耗的资源纳税），还不如购买更低污染的产品，从而拥有一个可持续的星球。"然而这一理念却很难为大众所接受。

可笑的是，人们会为了供孩子上大学，为了他们未来能有更好的生活而存钱。但是，他们却不关心孩子们将呼吸怎样的空气，饮用什么样的水，吃怎样的食物，他们居住的星球将会怎样？他们为什么不愿为这些投资呢？

我们想要改变人们的想法是相当困难的。就是偶尔改变都是几乎不可能的。我们的做法几乎没有效果，我对于改变人们想法的尝试感到沮丧。然而，我很少表现出这种沮丧情绪，因为我热衷于领导一支非常有献身精神的团队，他们相信我为之献身的事业。如果我表现出沮丧，他们也会沮丧。

我们试图盈利，为此而奋斗。有些时候，我感觉到自己不知道还能撑多久。我们在市场上竞争，这个市场注重的是价格，销售价值，而不是可持续发展，环境保护或是什么社会价值。

妻子离开了我。2002 年 7 月 19 日，我回到家时，它已经空空如也，我的妻子离开了。她曾是我事业的一部分。她的评价是："你与你的事业结了婚，你除了想要事业成功之外，看不到其他任何东西。"

我惊呆了。她说我只是害怕，因为我们总是处在生死的边缘，她不想成为灾难的一部分。她应对这件事的办法就是离开。她的离去将我扔到漩涡中达 6 个月之久。

然而，我还是挺过来了。我对我所做的事情有信心，我必须坚持下去。我曾信任她，让她做财务报表，现在我不得不找其他人来代替她。我用高薪聘用一位曾在财富 500 强企业工作的人。她有很高的专业素质。我考察了她的技能，以及她对于财务报表的敏锐，我意识到这个人正是可以帮助我发展企业的人。我给她的工资几乎和我相当。但是这一工资还是比她在那家财富 500 强企业要少得多。由于那家企业的 CEO 将企业搞破产了，她因此而失去了工作。她是被解雇的 900 名员工中的一员。她与我们签订的雇用合同只有 18 个月。她不能一直在一家随时挣扎在死亡线上的企业工作，她认为她在我这里没什么发展空间。

其他人看到我半死不活的状态，会说"你为什么要做这些?"一天，我与银行主管讨论这一问题时，他对我说，"你的价格高于 Staples 和 Office Depot，你为什么要这么做?"我说，"我们有孩子，你和我也许不会知道——几代人之后——如果没有人站出来，做我所做的事情，那么我们将会留给后人怎样的世界? 无论是有人卖可回收办公用品，或者一些电动汽车企业卖高效的电动汽车，还是混合动力车，我们做这些是因为我们有自己的信念。我们要站出来与随波逐流的风气斗争，我们在逆流而上。我看到的现实是，我们国家有 60 万学龄儿童使用呼吸机，这是不对的。"

银行主管沉默地坐了一会儿。他看着我说，"我从没有想过这些。我给 10 岁左右的孩子当足球教练，突然间，他们由于空气的原因开始哮喘。12 个孩子中有 10 个开始使用呼吸机。"过了一会儿，他又说，"我想我现在明白你为什么这么做了。"

尽管遭遇财政危机，尽管妻子离开了我，尽管经历了其他的挫折和磨难，但我还是相信我的事业会成功。这是我的选择，我将会看到曙光。

我 的 经 验

相信自己，相信所做工作的意义，这一信念可以帮助我达成我的人生目标。

我们都需要他人帮助我们度过危难时刻。

我们必须不断设定并达成目标。未来是什么？在德克萨斯的达拉斯建一个小的回收纸张工厂，将这一小工厂作为模板，在全国，继而在全世界复制。

如何在你的企业中应用我的经验

正如我在前面故事中写到的那样，制定商业计划并施行这一计划是成功的关键。找真心关心你的企业利益的人，来帮助你在正确的轨道上前行。企业主很难找到真正关心企业利益的人。如果你认真对待外人的利益，你就能找到那些能够帮你在正确轨道上行进的人。

大多数时候，即使你有远大的目标，你也要从小事做起。在一个地方建立一个样板，在另一个地方复制它。要确保在你开始复制原有样板之前拥有足够的资金。如果没有足够的资金来维持企业的成长，盲目扩大企业将使企业面临崩溃。

> 大多数时候，即使你有远大的目标，你也要从小事做起。

49. 不能让公司对我有偏见

大卫

GenoMed 公司主席，首席执行官，首席药剂师

11 年前，也就是 1993 年的万圣节之夜，黑暗的风暴之夜来临了。我本以为我将在学术机构度过一生。那时我正在接受成为肾病医生的训练。自 1984 年起，我就致力于寻找促使肾脏生长的因素的项目。当你摘出一只肾脏时，另一只肾脏就会长大。无论你属于哪类物种，这一情况都会发生。

我努力想找出促使肾脏生长的促发因素，可以促使需要做透析的人的肾脏长大一些，以便使两次透析间隔时间可以更长一些。我从 1984 年开始投身于这一项目的研究。9 年之后，也就是 1993 年，我在申请另一项基金时，突然意识到我所寻找的促发因素：血管紧张素 II。

我在发现血管紧张素 II 的同时，还发现了其他一些东西。血管紧张素 II 能够促使肾脏成长，同时也能摧毁肾脏机能。我花了数年时间才弄明白促使细胞增长的因素，最终也可能促使这些细胞自杀。这样，如果细胞是友好的，它们会做正确的事情。如果细胞是不友好的，其生长就会失去控制，甚至会导致癌症。在血管紧张素 II 这类生长素的持续作

用下，细胞只可能有以上两种选择。由于肾脏细胞都是友好的，在血管紧张素Ⅱ的持续作用下，它们最终会自杀。

1993 年，我已找到医治肾脏损坏的方法了。令人吃惊的是，能够完美阻击血管紧张素Ⅱ的药物竟是 ACE 抑制剂，这类药物已使用了大约 25 年之久。它们是众所周知的安全药物。

我尽力到处寻求资金支持，包括 ACE 抑制剂的生产商，以及我所供职的退伍军人管理委员会（VA）。我没能找到维持"正常"研究的资金支持。1994 年 4 月份的一天，在诊所里，我突然意识到我找到了拯救我的病人的方法，但我必须找到资金来证明这一方法的可行性。我还是找不到需要的资金，我的病人还是越来越频繁地进行透析，将在两年之内死去。

我最终还是给我的病人使用了更高剂量的 ACE 抑制剂。为什么可以使用更高的剂量？我的理由是医生们已经使用 ACE 抑制剂达 10 年之久，证明此药物是安全的，虽然效果不明显，但还是有一定效果。我们还是不能阻止肾脏坏死，尤其是非洲裔美国人比高加索裔的发病率高出 10 倍。我们用药是正确的。我认为没有取得显著效果的原因是用药剂量太低。

因此，我加大了剂量，事实证明我的做法是对的。第一位接受我用药尝试的病人，其肾脏损坏过程出现了反转。他的病情出现了好转，这一结果出乎我的预料。我感到欣欣鼓舞。诊所的另一位医生离职了，留给我 800 位病人。之后的 3 年中，我给 1 000 名病人使用了高剂量的 ACE 抑制剂，虽然取得了好的效果，我却被 VA 辞退了。

原因是什么？VA 在我实施项目两年之后开始实行"医疗管理"，所谓"医疗管理"要求所有医生都要用完全相同的药物配方。他们并不关心我所用配方的治疗效果远比以往的配方好 1 000 倍。此时，我已实践我的配方达两年之久，我实在是心有不甘，我没有就此放弃。他们于 1998 年 3 月解雇了我。

此时，我已发现 ACE 抑制剂对于 75% 的人类疾病的作用。那么，我该怎么办呢？被 VA 辞退迫使我进入私人部门。我不想去别的地方，因为我妻子也是一位药剂师，她有一份好工作。我清楚我从天使投资人那里获得资金的可能性要高于那些已经拒绝我的政府部门。

我用自由资金建立了第一家公司。母亲去世时留给我 30 万美元。公司运营前 9 个月，我用自由资金使实验室开始运作，之后从我的大学同学，以及中小学同学那里获得了一些真正的风险投资。他们向我介绍了他们在哈佛商学院认识的一个人。他的介入毁了公司。他只要求我做科学研究，并不关心能否挣钱。他们并不想做疾病控制的事情，他们没有盈利计划，很明显那人把钱投进来的目的仅仅是为了让他商学院的朋友掌控公司。他对我运营公司不感兴趣，尽管这本来就是我的公司。

我的第一家公司最终还是卖掉了。我搜集的 2 万个样本也转给了一家私人企业，我对这些样本再无任何权利。我损失了大量金钱，而这些样本的损失更是难以用金钱衡量。

当我的第一家公司不再沿着我的科研方向前进时，我已开始着手筹备另一家企业。为什么？因为我认定我的方向是正确的。我了解怎样寻找致病基因。只是由于我对我的第一家企业缺乏控制力，而且严重缺乏资金才导致企业失败。

我与之前的科研顾问一起开了一家新公司，这位科研顾问是上一家公司的董事会成员。不久，这家公司也因为控制权之争而失败了。我还是要继续。我想使用我在波罗的海参观过的一家基因公司的产品。那位科研顾问却不同意。

我是在一个星期一的早晨发现我的第二家公司破产的。我们与一家地方学院进行一项关键许可证的谈判已有一个月。我们已达成使用许可证的协议。星期六，我一从波罗的海回来，就开了一个董事会电话会议。会议结束时，我像往常一样提出如何处理争议的建议，这一程序同我们与波罗的海那家基因公司的谈判相同。周一的早晨，我却发现两位合作伙伴已经瞒着我建立了一家新公司。更有甚者，他们拿走了我们与那家地方学院谈了一个月的关键许可证，而且他们还雇了与我合作的那位科学家。那家学院的技术交易官，也是那位科学家（他也属于那家大学）的朋友，甚至根本不考虑已与我们的公司签订的合约，就与那位科学家所在的新公司又签了合同。我向那家学院提出了正式交涉。他们说会查清此事，当然，我需要等待 3 年。

至此，我已一无所有。我身无分文——所以我的第三位合作者一定要是个"天使"才行——我不可能再获得什么人的资金支持。因此，我认为应开始申请专利了。为了申请专利将我所知道的一切写了下来。我开始写，继续寻找机会。我打算与所有的生物技术和制药企业联系，直到找到支持者。之前我为自己的企业找遍了所有风险投资人，因此我已放弃求助于风险投资。我决定在各种杂志上查找所有生物技术和制药企业的信息，向我所能找到的拥有生物技术和制药企业的人发邮件。我认定他们需要我的东西，我了解怎样寻找致病基因。

幸运的是，在我发送邮件的上千家企业中，有一家刚刚得到研究基金支持的企业。他们希望再做一笔交易，因此他们介绍我与研究基金接触。我建立了第三家企业。2001 年 9 月 11 日，他们取消了与我们的合作。

2001 年 10 月，我已无法再获得资金支持了。最终，研究基金决定资助我们，但他们的条件是我要找一位生意人做我的 CEO。我又一次选错了人。我们于 2003 年 9 月开除了他，而我们的资金支持也不再有了。然而，我还是坚信自己是正确的，坚持自己运营企业，直到 2004 年 1 月，我们都没能筹到钱。从 2002 年 11 月到 2004 年 1 月，我们没能得到任何收益。

尽管遭受所有这些挫折，我还是坚持着。我无法再在学术机构供职。我已无数次炮轰 VA，而且我的这些言论已出现在了街头小报上。传统的医学工作者是不会这么做的。我认为治疗方法的差异对于病人来说就是生与死的差别。我认为我不可能为了保住工作而遵守联邦政府的条例，去杀死我的病人。对我来说，这场战斗是值得的。我了解了许多有关与媒体打交道，以及如何对外发言的知识，所有这些知识我至今受用。

这还不是我这些年学到的唯一有用的东西。如果没有被 VA 几乎软禁起来长达一年之久，我也许永远都不会独立运作的。这需要自己安排自己的日程。

老实讲，坚持自己的选择首先要经历艰难困苦——面临困境时，要相信这不是世界末日。别无选择有助于你能坚持到底。如果我有一大堆做这个或者那个部门领导的机会，我也许就不会坚持下去。

最最重要的是，我坚信我是对的。我不仅坚信我是正确的，在道德层面上，我也别无选择。我想追求可能的最佳路径。在与 VA 的斗争中，我的信念日益坚定。

我认定未来属于我。我已证明我能够防止肾衰竭。我知道我能延缓气肿病，我可以治愈西尼罗河脑炎。这只是我清楚我能治疗的 150 种疾病中的 3 种而已。

我也知道唯一激励我的就是要生存。乔治·华盛顿 7 年中打了 7 场仗。他明白要使他的部队活下去，他必须赢。因此，我的目标仅仅是生存下去，我最终赢了。

我们虽然看到了曙光，但我们依然在黑暗中摸索。我们还是欠缺资金。我们只筹到 150 万美元。我们需要 10 亿美元来做所有的基因分型。但是我们的企业并没有到走投无路的境地，我们是正在行进的列车。

我真正热衷的是给病人提供更好的治疗，改善临床效果。我发现当我了解致病基因时，我能够更好地治疗这种疾病。我们称自己为"新生代疾病控制"公司，要用基因组学来帮助改进治疗效果。

对一般人来讲，这是件无趣的事。然而，我正在做的事是重要的，我必须去做。我要坚持到底。

如果对自己
所做的事情
有信心，我
就要坚持下
去。

我 的 经 验

如果对自己所做的事情有信心，我就要坚持下去。

公司失败并不意味着我是失败者。尽管公司的失败会使我暂时受阻，但是总会有别的继续做下去的办法。我最终会找到合适的合伙人。

怎样在你的企业中应用我的经验

你的公司失败并不妨碍你利用你获得的知识再办另一家公司。如果你对所做的事有信心，那么汲取以往的经验教训，从头再来。

　　一定要与为你提供资金支持的组织以及你的合作伙伴订好协议，明确各自的职责，各自应做到的事情，以及对于未能按约履行职责者的惩罚方式。也要约定什么情况下要解散合伙关系，以及如何解除合伙关系。

50. 扩张带来的问题

莱斯特

SS 食品公司首席执行官

我的父亲总是对我说，如果我经营自己的生意，一定会比为其他人工作干得好。因此，当我 1961 年高中毕业，结婚以后，我就在佛罗里达的盐湖城开了自己的第一家商店。

因为我在父亲的商店工作过，对经营商店方面有些经验。我对于如何应对顾客，以及商店的一些工作有些了解。我的妻子百分之一百投入来帮助我。

她负责登记现金收支和订单。我负责制作肉制品，生产，清理地板等工作。我们经营得不错，所以我购买了第二家商店。

我购买另一家店面并没有明确目的，似乎我只是想要更多的店面。我从一开始就有做连锁店的想法。我正好有个机会购买第二家店，就这么做了。对我来说，这是一个巨大的挑战，因为我不得不学习如何去管理人员。当你运作自己唯一的商店时，一切都会很顺利。因为工作比较明了。你挣到钱，把它存到银行。你也可以处理好很多其他事情。你晚上打烊，白天开业。

经营两家店时，你不可能同时出现在两个地方。你不得不找其他人来帮忙。你的工作就会转向管理，此时就应开始学习管理技巧了。所以，学习如何管理就成为我随后两年的主要工作。

当然，我是幸运的，我认为那时有能力的人比现在多得多。我也要有毅力。我还要学习克服各种各样，一个接一个的困难生存下去。

甚至今天，拥有了 46 家商店之后，总是有人迫不及待地想要得到我的生意。我不得不提高警惕。回顾往事，最最重要的事就是：持之以恒。这就是我的感悟。

你总是要面对竞争者。某些人总是要觊觎你的钱，你的生意。我永远不能松懈下来，坦然地说，"现在没人来烦我了。我已经搞定了"。

当有人在你隔壁开了一家根本就没什么必要存在的商店时，这可不是闹着玩的事。你不得不投入战斗。没有人一开始就能赚到钱。你要接受这一事实。那些商店开业时采取低价策略，这样你就不得不与他们设定相同的价格，或者比他们价格更低。这样你就可能不盈利，因为单独经营一家商店不会比经营连锁店开销大。

我们的开销比较大，要支付职工医疗保险，健康保险，以及覆盖整个公司的员工福利。他们则没有这类开销，所以他们可以定价更低。但是，我们依然要与他们竞争。我们面临新的竞争环境。

你需要应对所有挑战。我们拥有的 46 家商店中确实有那么几家并不盈利。但是我们并不打算关掉这些商店，因为我们不想让竞争者有可乘之机。如果我们这么做，他们就会在我们的周围开更多的店面。我们需要找到赢得胜利的办法，并不仅仅为了与他们针锋相对，而是为了能够找到让我们的商店盈利的途径。

我们遇到的另一个棘手问题就是污染问题。几年前，还没有有关汽油污染或者净化法律条文。一夜间，这些法律都开始施行，我们被要求在墙内安装比以往多一倍的管道，等等。我们不得不花钱重新安装我们的汽油设备。这只是我们面临的另一个棘手问题而已。这些只是我们要使生意继续下去所要面对的部分问题而已。

我的企业始于1961年。我经历了很多事情，这些年里，很多事情发生了变化，我不得不适应这些变化。你知道，我不喜欢适应这些变化。开始时，我只有一家店铺。那时，我们甚至没有桶装啤酒。我们只销售瓶装可乐和酒。当我们城外最大的竞争者开始使用桶装酒设备时，我很不高兴。我说，"天哪！那可要花很多钱。"我不想像竞争对手那么做，但是我不得不适应变化。

另一个主要的变化就是汽油。直到拥有7家店面之后，我才开始卖汽油。那时，你不得不提供汽车方面的服务。顾客没法自己给汽车加油。我不得不安装加油设备，我比他们多安装了两条加油管线。为了生存，我们还是与其他人做得一样好。我们扩大了业务范围，我们从一个简单的便利店转化为兼做加油站生意。

我总是密切关注我的竞争对手。我常去大城市观察那里的便利店，看看他们正在做些什么。他们正在做的事情也许就是我将要做的，因此我最好早做准备。

有问题出现时，你常会感到兴奋。当你无法预料到的问题出现时，找到解决问题之道是困难的。然而，多年来，我已经战胜了很多未预料到的困难，因此我认为我们总会找到解决问题的办法。坚韧不拔能够使我们战胜困难。

我 的 经 验

即使我准确预料到可能出现的问题，我也要对问题有一定的洞察力。最理想的是，我能够预料可能出现的问题，并且对自己有足够的自信。要知道，只要坚韧不拔，我就能战胜困难。

有很多人可以帮我。我们引导管理人员和其他员工将店铺当作自己的店铺，将我们的钱当作自己的钱。

我对员工只有一句话，正如耶稣所言：要相互友爱。我告诉管理人员要热爱为公司工作的人们，好好帮助他们得到奖金。当员工跟我打拼多年，我却没有给他们奖励，他们不会认为我有多么爱他们。他们会谴责我们的。

我取得了很多成功。我在学校里不是最聪明的学生。然而，最最需要的就有决心坚持到底。

回首往事，我之所以加倍努力的最重要原因，就是我热衷于拥有自己的生意。对于这份生意的热爱推动我一路走来。在起步阶段，当我付清所有账单后，我实际上是得不到多少利润的，而且，我一直都要将我所赚到的钱再投入生意中。最不应做的事情就是在我还未达到成功时，就消费成功。

如何在你的企业中应用我的经验

对于这份生意的热爱推动我一路走过来。

当你遇到危机时，向那些曾成功渡过类似难关的人寻求建议。问他们采取过怎样不同寻常的应对措施，他们的教训是什么，然后对照你的具体情况，寻找应对方法。你要从别人的教训中学习，避免犯类似的错误。

你成功之时，正是回报社会之际。你要更加努力地将金钱花在对人类有益的事业上。找一种你认为有意义的回馈社会之道，并为之付出时间和金钱。这些做法会使你感觉良好，你还会惊诧地发现这些做法还会有助于你的生意。

第二部分　你应怎么做

第三章　至关重要的生存策略

当你被情绪所左右而失去理智时，你会感到害怕。

我所采访的每一个人，面对令人揪心的、梦魇般的事件时的第一反应都是情绪激动，而不是理性思考。在情绪化的状态下，每一个人都有自己的表现方式。有些人会哭泣，有些人会尖叫，有些人会沉默，有些人会求助于朋友和可以信赖的人，有些人则勇敢地独自忍受……另一些人则陷入深深的祈祷。一些人可能做出那些未经历过恐惧或梦魇的人们听了都会哈哈大笑的事情：钻进自己的车里，放下所有事情，大喊大叫地驱车前行。

不可否认的事实是，我所采访的每一个人都曾有过这样的经历——挑战，艰难时期，问题，创伤，梦魇。无论你怎样称呼它，每个人都要经历。

在开始理性思考之前，每个人都会有情绪化的反应。

理性总会在某一时刻出现。有些人在几分钟之内就会恢复理性。有些人则需要花上几天的时间。一旦恢复理性，决策制定过程就能够开始了。你要问自己，"我要怎么做来应对这一问题呢？"你开始应对问题了。你开始对付自己的恐惧了。你要摸索着一步一步走下去。

如果你正经历着恐惧和无常的变化，一定要知道你并不孤独，这样你就能得到些许宽慰。在你之前，有人曾经历过。在你之后，还会有人再经历。这里有一些方法可以帮你渡过难关。

1. 振作起来，拂去尘埃，继续前进

所有企业家都经历过艰难时刻。我再也不想经历像失去销售额，失去投资，失去合作伙伴这样的事情。然而，我现在知道如果类似的事情发生，我能够克服它。

每一个我采访过的人都说过相似的故事。现在，他们都有这样的信心，当身处逆境时，他们能够正视它，应对它，并且战胜它。你永远不会知道逆境会持续多久。但是，你会明白黑暗尽头是黎明。你要向着光明前进，你终究会走出黑暗。

回顾往事，每个人都说他们从这些经历中学到了东西。经历逆境如同身处地狱。然而，逆境给了他们经验教训，给了他们应对未来可能出现的逆境的能力。

莱斯特确实可以从容应对逆境。运营自己的企业超过40年之久，他将企业从一个便利店发展成为拥有46家商店的连锁企业，他经历了太多的恐惧和梦魇。他是这样描述的，"我并不知道以后会发生什么"，这种描述正说明了他是如何认识和处理危机的。超过40年的经验给了他客观的判断力，因此他可以对危机迅速作出反应，并相信自己能够解决问题。他对未来充满希望。

另一个企业家的经历更加惊人。在他参加越南战争时，

他不止一次在战斗中中弹。曾经有一位客户冲他大喊大叫，因为这位企业家没有按照客户的想法完成工作。这位企业家对这件事是这样评价的："冲我大喊大叫对我没有任何影响。我可是曾经中过弹的人。"

2. 学习如何控制自己的情绪

当逆境出现时，我们的第一反应就是情绪化。想办法迅速释放情绪，这样有助于你开始理性思考。

如果你足够幸运，情绪化的状况仅仅会持续几分钟。当克里斯托弗经营酒店生意时，"9·11"事件发生了。他之前曾经历过类似的危机，那就是当他正在经营一家在维尔京群岛的酒店时，在科威特战争期间美国入侵了伊拉克。由于他之前曾经历过类似危机，因此这一次他在短暂的情绪化反应之后，然后他立即开始依据自己过去的经验采取行动。尽管"9·11"事件引起的危机的持续时间比维尔京群岛的危机更长，经济上的破坏性也更大，他还是可以清晰地思考，找出解决问题的办法，并最终解决问题。

我采访的许多男性和一位女性声明他们并不会感到有压力。每个人都这样描述："我尝试找出问题所在。我们应如何立即采取行动？我们明天该怎么办？下星期该怎么办？下个月呢？"他们每一天都在为解决问题而作出努力。

这里是一些能够帮你克服情绪化的自然方法：

哭泣

当危机发生时，男人和女人都会哭泣。对许多企业家来说，眼泪，不管多少，似乎都是驱除情绪化的好办法。我们中的大多数人哭泣时都不愿被别人看到。当危机困扰我时，我会走出办公室，走到办公楼的后面，坐在没人能看到的路边，哭泣。一旦眼泪流出来，你通常会感觉好很多。哭泣并不能改变现状。然而，危机带来的最初的情绪化反应会消失，你会在更良好的状态下处理手边的事。

发狂

他人的抚慰帮了一些企业家。对大多数人来说，这个其他人就是他们的配偶。这就是为什么如果你已结婚，获得配偶的支持对你来说至关重要。在那些企业家是单身的案例中，其中大多数都有很亲密的朋友在他们需要时，给予他们抚慰。

尖叫

钻进汽车，打开天窗，发动汽车，声嘶力竭地大喊大叫，这就是洛莉塔应对情绪化时所用的方法。这方法对她起了作用。

唐娜每次遇到危机时就会暴跳如雷。这个方法可以使她释放压力。通常，她的丈夫都在她身边支持她。他明白她大发雷霆并不是因为他；她只是要发泄。

吃东西

这里有两种不同的情况。有些企业家在压力下会不思饮食。另一些则会暴饮暴食。你也许会经历"大嚼奥利奥饼的时期"。当吉姆告诉妻子他要辞去工作时，食品，尤其是一袋奥利奥饼对他妻子就是一种抚慰。

砸东西

听到瓷器撞到墙上破碎的声音会带来些许满足感。每一次砸东西都是情绪化的反应。你看到什么东西碎成上百万小小的碎片。然后，当你捡起这些碎片时，你就会平静下来。

如果你没法承受买些便宜的碟子来砸，那么你可以扔砖头……一块泡沫塑料砖头。

我们公司就用过这种泡沫塑料"烦人的砖头"来应对令人崩溃的电话以及其他让人感到压力的事情给人们带来的焦虑情绪。把这种"烦人的砖头"扔到墙上，不会损坏墙面，常常会引来哄堂大笑。

大笑

大笑是我所知道的最好的减压方法。由于某种原因，当你大笑时，你就不会哭泣。如果你除了大笑和哭泣之外别无他途，你最好选择大笑。

3. 找一种体育锻炼的方法来排遣压力

　　尽管情绪化的状况不会持续太久，但是度过黑暗岁月要花费几周，几个月，甚至几年的时间。这会使你倍感压力。你需要找一种办法来排遣这种压力对你造成的影响。

　　运动帮助了许多企业家。我44岁开始跑步，距我46岁生日只有3个星期时，我跑了我人生中的第一次马拉松。我经常说如果我不跑步，我就会变成一个毫无希望的人。对我来说，跑步可以减压。鲍勃每天走出印刷公司时都会跑步。这一运动可以帮助他理清思路，处理问题。

　　其他许多与我谈过话的企业家也会参加跑步，骑自行车，或者其他体育锻炼。有一个人练习空手道，并达到黑带水平。体育锻炼帮助他们度过了不可避免的艰难岁月。很多时候，在运动中，企业家会产生战胜艰难时刻的灵感。体育锻炼帮助他们减轻了压力造成的影响。

　　汤姆是一位健身指导。这一职业帮助他保持体型，也强迫他既使"不在状态时"，也要参加体育锻炼，因为他要授课。

　　有一位企业家喜欢拔草。她喜欢园艺，每天拔一把草能帮助她减轻压力。每一株草就如同一件错事或者一个做错事的人。拔掉它就如同将问题连根拔除。

　　其他人还有不同的爱好。当他们做爱好的事情时，他们的思想就会离开生意，他们可以放松下来做那些使他们愉悦的事情。在他们享受爱好的时候，灵感往往会眷顾他们。

4. 相信你所做的事情

当我作访谈时，我曾谈起我的经历，一位受访者对我说，如果是他遇到我这样的情况，他就会打退堂鼓的。当问题出现时，我不知道该怎样继续做下去。然而，我还是坚持下来了。我没有打退堂鼓，因为我对我所做的事情有信心。

企业家们一次又一次地告诉我，是对自己所做事业的信心帮助他们度过了黑暗岁月。每当不利的情况发生时，他们就提醒自己做这份事业的初衷，并坚持下去。

大卫经历过多次失败之后依然坚持，因为他相信他所做的事对于人们的健康很重要。有些时候，由于没有资金可以雇用其他人来帮助他，他只得一个人独自工作。经历过成功与失败，他依然在坚持。

汤姆有着与大卫相似的经历。他讲了一个他的故事，关于他的银行主管问他为什么要做他所做的事情。他解释说他所做的事情是为了我们这个星球的健康。他真诚地相信必须有人来关心在地球上生存的后代子孙们。他要尽自己的一份力量来为后代子孙拯救这个星球。

蒂姆认为他的故事以及他为渡过难关卖掉自己卡车的经历很重要，有必要与人分享。

茱莉亚和她的丈夫为了月末给员工发工资，卖掉了他们的房子、汽车等所有的东西，而当时他们认为这个月是他们的企业运营的最后一个月了。这一行动帮助他们逃过了破产的劫难，重新站稳了脚跟。

如果你真的相信你所做的事情是重要的，这一信念就足以帮助你渡过难关。

5. 要 灵 活

首先，要写出解决问题的计划。同时要认识到完全按照计划行事的可能性几乎为零。你必须学会灵活应变。如果某种情况并没有像你预期的那样出现，你就要应对现状，接受现状，或者采取与计划完全相反的措施。

埃里克就遇到了这种情况。当他购买了最终被他卖掉的那家草坪养护企业时，他的商业计划上说 X、Y、Z 等等情形会发生，而且他也将他的计划书告知了他的银行主管和其他人。结果，实际情况与计划书上所描述的 X、Y、Z 等等情形完全相反。企业还是盈利的，他把它给卖了。他的银行主管提醒他实际情况与他最初的商业计划书完全相反。这是埃里克第一次认识到这样的问题。但是，埃里克迅速地认识到出现了问题，并尝试采取其他办法。

当史蒂夫接到表明顾客不打算支付他们所欠的 75 万款项的来函时，他不得不作出反应。他找到了多种灵活的方式来获得资金。他想尽一切办法在融资。正如他所说的，"我根本不在乎利息。我只关心我能否拿到钱"。

6. 依靠你所相信的企业之外的人士

大多数时候，当什么人问我们生意如何时，我们都会说"很棒"，尽管我们的销售进展缓慢，尽管我们还不清楚支付下周账单的钱从哪里来。这是一种潜规则，当与他人讨论自己的企业时，企业家不相信任何人。而且，即使我们的企业真的很棒，我们也不想让任何人知道我们运营成功的真实情况。

如果你的企业是一个合伙制企业，还是需要找一个局外人与你商讨公司的情况。与合伙人相比，局外人可以从更全面的角度为企业提供建议，因为合伙人们陷入日常工作中，不容易看到全局。

找到你所信任的人至关重要。你可以依赖同学，真正的朋友，当你遇到困境的时候，他们可以做你的倾听者，做你的支持者，和安慰你的人。对于一些企业家来说，这样的人就是他们的配偶。另一些人则说他们的配偶对生意一无所知。一位企业家的配偶曾谈到，她曾要求他更经常带她一起出去吃饭，因为他们遇到的人都是他生意上的关系户，她由此就可以了解他正在做什么！

找出那些你可以无条件对其诚实的人。这些人也应对你绝对诚实。在你身处困境时，他们可以成为你很棒的顾问团，为你提供建议，并鼓励你。

正如一位企业家所言，"起初，我向错误的人求助，发现我无法信任他们。他们也不为我的生意提供建议。不久，我发现了我可以信赖的人，他们倾听我的心声，信任我，相信我的能力，用鼓励的话语激励我前进"。

尽管巴伯不曾雇用一位员工，但是她拥有一群可以共享快乐，在艰难时期可以依靠的人。纵观她的人生轨迹，她一直与一群重要的，可以依赖的朋友在一起。

帕特如果可以组织一只有生力量，无论这只有生力量是由局内人还是局外人构成，他都可以再次创业。他明白人不可能独自成功。

7. 在企业内部，要建立一个团队

"三个臭皮匠顶一个诸葛亮"是一句古老的谚语。然而，许多企业家发现可以相信他们的经理们和员工们。实际上，很少有人，其中包括比利，杰夫，吉姆，赖斯特以及其他一些人，想到要找那些值得信赖的员工去商讨企业大计。

比利发现通过与其员工们的交谈（起初，他是被迫这么做的），员工们的建议可以帮助他找到解决问题的办法。

帕特也艰难地认识到他自己不能做所有的事情。当工作达不到他设定的标准时，他不是去做培训和监督的工作，而是选择自己亲自去干，结果陷入"销售与生产不能兼顾"的境地。当你正在做销售时，你就不能同时在生产，当你正在生产时，你就没有时间做销售。于是，当你做完一项工作，你还要等到做完下一项工作后才能获利。

基蒂的合作伙伴在企业开业的第一个月就消失了。于是，她就自己努力去做所有的事情。她的目标与帕特不同；她想建立自己的信用体系。当她完成了她的目标，企业也盈利了，但是她还是一个孤家寡人。她丈夫感觉她在生意上花了太多的时间，她通过发明产品找到了另一条盈利之路。她关掉了先前那家盈利的企业，办了另一家她可以独自经营的企业。没有他人的帮助，保持盈利和企业的成长都是很困难的。

另一位企业家学会了依靠她的顾问团队。他们帮助她将生意变成了"真正的事业"，她依赖于他们的专业知识。

许多合伙关系就是一个团队合约。最好的合伙关系是每一个合伙人都能给企业带来不同的力量。所有人都要投入资金，或者承担贷款。若大家各有所长，你的企业的成功机会就越大。

没有一位 CEO 的加盟，你的企业就没有多少成功机会。为了筹集资金，这位 CEO 不得不引进另一位之前曾运用风险基金建立一家成功企业的合伙人。没有团队的协作，两位产品的发明者就看不到他们的产品为企业带来丰硕的收获的希望。

另一位企业家确信一定要提高员工的技能。她经过很长一段时间才认识到她不能所有事情都靠自己做。她的丈夫将技能传授给了她。她的企业已经成长，她培训了一支可以应对企业成长的管理团队。

大多数企业家找到了合适的人选，他们可以依赖这些人提供发展建议，提出解决问题的办法，清除不合格的员工。

8. 要建立一份清单

当你把事情写下来时，你通常就能看清楚问题的真相。罗恩的银行主管要求他将资金移走的那天，他感到天旋地转。情绪平复下来后，他将自己要做的事情以及每一件事情完成的时间列成了一个清单。这份清单帮助他度过了黑暗岁月。

就像那位他的簿记员从他的企业偷钱的企业家说的那样，发现有人从你的企业偷钱是多么令人惊讶。一份必需的清单对于发现到底多少钱被偷了，出账和进账的准确数额来说是很有必要的。一旦这些情况确定下来，针对性的行动计划就可以作出来了，这样企业主就可着手处理这一问题了。

一份清单能够对你有很大帮助。你可以把你的想法写在纸上。你通常会发现那些问题并不像你想像的那么严重。

9. 要 写 日 志

把你的情绪，你的感觉，以及每天发生的情况写下来。你可能不会再阅读这些文字。然而，其他一些企业家会每个月或者每年阅读他们以前写下的东西。当他们第二次或者第三次阅读这些文字时，他们会意识到许多恐惧、没有把握，以及焦虑仅仅是由于面对着未知。一旦情况明了，他们就准备着手处理问题。之后再读到这些就会觉得以前发生的事情都微不足道了。一旦你这次渡过难关，你就能够复制你的做法了。

许多在商界打拼多年的企业家都依赖于写日志。这些日志记录了过去发生的事情。这就如同你与曾经发生的事情进行着简单的会晤。当他们解决当前面对的危机需要想法时，他们会重读那些日志。

10. 跟着感觉走

你的直觉通常是对的。如果你真心倾听你的直觉，它就可能告诉你真相，即使你没打算听从它的暗示。当我开办企业时，除了一小部分人之外所有我身边的人都努力劝我说企业开始时的规模要更小些。他们担心他们的工作，他们害怕会出现一直支出直到我们把钱花完为止的情形。我们主要考虑的应该是利润问题，我的直觉告诉我这一点。尽管遭到许多人的反对，我们还是开办了自己的企业。

当"赞助者"没有支付给她第一次的货运费时，莫妮卡听从了自己的直觉。她立即停止了为他工作，这一决定可能节省了上千美元的收入。

杰夫在直觉的引领下从阿肯色州搬到了密苏里州。他在一个什么人都不认识的地方开办了自己的企业。是他的直觉引领他这么做，他的企业成功了，盈利了。

拉里艰难地发现应该听从自己的直觉而不是自己的团队。他按照自己的直觉去做了，当他看到问题时就尽早与客户联络，否则他也许不会成为一家注册会计师事务所的一分子，也许现在还在为了生存与一家巨型企业竞争呢。

另一些企业家在他们需要作出特别决策时，忽视了自己的直觉。一位企业家想成为英雄。另一位则是贪婪战胜了他的良好直觉。如果在你身边的每一个人都在告诉你什么事，而你却打算充耳不闻，那么就要找出自己这么做的理由。是不是你的情绪化战胜了你良好的直觉。

11. 作出艰难决策

有些时候当你遇到问题时，你知道不能再像以前那样运营企业了。为了企业的生存你要作出艰难抉择。首先，你要战胜出现问题时造成的情绪化。当你能够理性思考时，就是你要作出艰难抉择的时候了。

当政府宣布他们没有资金再继续施行制冷剂监控规定时，维多利亚一天之内就解雇了150名员工。她明白如果不这么做，她的企业就要垮了。这是一个艰难而痛苦的决定，但为了企业的生存，她必须这么做。

洛莉塔不得不决定将客户排出优先顺序。她必须决定首先给谁供货。她冒着愤怒的客户取消订单的风险。然而，她对他们坦诚了自己的实际情况，并给了他们可以拿到产品的日期。

克里斯托弗知道自己必须做什么。他明白这么做是有困难的。然而，他与他的团队进行了沟通，立即启动了作出艰难抉择的程序。

艰难的抉择不是一项轻易就能作出的决定。然而，这样的抉择关系到企业的生死存亡。

12. 寻找应对恐惧的精神力量

我采访的所有企业家都谈到了要有坚定的信念。当危机时刻到来时，他们会更多地祈祷上苍，或者更加努力地寻找解决问题的办法。你持有怎样的宗教信仰并不重要。你是什么地方的企业家也不重要。

大卫的一次艰难经历使他更加坚定了自己的信仰。这给了他战胜危机的勇气。

　　罗谢尔发现一位研讨会组织者帮助她渡过了难关。她明白了她的努力为什么总是付之东流。一旦她渡过了那些难关，她的事业就开始蒸蒸日上。

　　里奇是一个牧师。他遵照上帝的旨意去开办新教堂。尽管他不知道他能否成功开办教堂，但是他一直坚信上帝的旨意，坚信他的工作要植根于新的社区。

　　拉玛说他所遇到的挑战是对他的信念的最大挑战，可能让他变得更加坚强。他在自己身上发现了很多东西，这使他更加信仰上帝。

　　那么西妮呢？她明确地表示是自己对上帝的信仰帮助她渡过了难关。她曾一度想要放弃。她的丈夫想要退出。他们祈祷，他们问上帝如果他想让她们拥有那栋房子，可是为什么又要让她们经历这样的艰难困苦。她们从上帝那里得到的旨意是继续奋斗。她们按照上帝的旨意去做了，她们最终获得了胜利。

　　其他人也通过求助于牧师，每日祈祷，以及冥想的方法去战胜困境。尽管他们中的一些人还在黑暗中摸索，但是他们仍然坚持冥想和祈祷。

　　每一个人都在寻求能够帮助他们战胜危机的精神力量。大多数人提到是那些超越俗世的力量指引着他们走出黑暗。

13. 天使也许会出现

　　当一位企业家距离他的企业关张只有 6 个星期的时候，

一位天使投资人出现了。这位投资者对他们所做的事情感兴趣，投入了 50 万美元。这笔投资救了他的公司。这位天使成为企业的 CEO，他还进一步为技术创新筹集了资金。

鲍勃的天使以不同的形式出现了。当他创办自己的第二家企业时，他与他的会计师共同投资以便他们能够得到足够的信用额度，获取贷款。当鲍勃向企业追加投资时，他打算改变每位出资人的股权比例。那位会计师同意了，他的股份将为 20%。当分配股权时，会计师要求把他的股权协议写成两份，每一份为 10%。当鲍勃将股权协议递给他时，他在这两份股权协议上签上了鲍勃的两个孩子的名字，又递了回来。

加里的天使是政府。由于政府强制银行使用与他的公司所生产的软件同种类型的软件，政府救了加里的企业。

汤姆遇到的天使是那个他需要休息放松时，那个让他免费使用坐落在丘陵地带的公寓的那个人。

你永远不会预料到也许一次会议或者一通电话可以让你产生战胜黑暗的灵感。

14. 让那些积极正面的人围绕在你周围

一次又一次，企业家们告诉我他们试图寻找那些积极的人和积极的事。许多人每天都听那些激励斗志的录音带。"你的周围有太多消极的声音，因此你必须每天听些积极的声音。"汤姆·霍普金斯《如何掌握销售的艺术》一书的作者）和吉姆·罗恩，一位闻名全球的商业哲学家，就曾多次提到这个问题。

一位企业家不到两周就让他的指导者为他制作一张 CD。他在开车时就听这些 CD，这一方法让他一直保持着正确的方向。

如果你听到的都是消极的想法，世界上发生的消极的事，接触的都是消极的人，那么你就可能被拖下水。保罗很早就知道与那些能够在事业上激励他的积极的人们交谈。

克里斯丁娜曾经过着阴阳平衡的生活，直到她开办了新企业家有限公司，她才变得积极向上。那位业主在开办瑜伽训练房时所遇到的所有事情都是消极的。而她所遇到的积极的事情就是她创造性地帮助女性成为有创造力的、积极的人。

她对于此事的评论是："要让那些持有'你能做到'这种积极态度的人，而不是那些持有'你做不到'这类消极态度的人围绕在你周围；寻找与你志同道合，能够鼓励你，能够让你比以往更相信自己的人是你的职责。大多数人生活在'我做不到'的恐惧、怀疑和焦虑中。你不应与这类人为伍。"

15. 要 有 耐 心

要给自己时间。作为企业家，我们希望艰难时光立即过去。耐心通常并不是我们的长处。但是，时间能够让我们从更全面的视角看待问题。你可以回顾所发生的事情，你从中学到的东西，以及你下一次遇到相似的情况应该如何处理等。

需要时间与耐心并不是说你要经历更多的梦魇、恐惧和不确定。当你信任的人背叛你时，这些都毫无用处。关键是要从中汲取教训。

这样，你将来就不会再遇到这种糟糕的情况，因为你已能够理性地处理问题而不再感情用事。你不会忘记所经历的困境，因为正如一位企业家所言，"即使是 10 年以后，想到当时的情景我还是会有抓狂的感觉。然而，我还是用理智战胜了一切，我已明白什么叫'一报还一报'，那些背叛你的人也会在某个时候遇到他们的艰难岁月"。

当我的丈夫读了我的故事后，他给我的评语是："我以为在这里你会对那些人那些事进行更猛烈的抨击。"如果是在早几年，我也许会这么做。时间给了我更全面的视角。你要从所遇到的问题中学习，并继续前进。

所有企业家都会遇到挑战与梦魇。你会遇到未知带来的恐惧。最终，你的未知会变为已知。于是你从黑暗走向光明。有时，黑暗只会持续几分钟，有时，会持续几年的时间。坚定信念，你将迎来光明。

第四章　有关合作伙伴的真相

合伙关系是生意上的联姻。要确信你了解将要与你同床共枕的人。

如果你有合伙人，在合作开始之前就必须了解对方在压力下的反应。他们如何处理现金吃紧这种不可避免的情况？当只差 30 天你的钱就要花光了，他们又做何反应？

加里谈到要彻底了解与你共同创业者的人格特征。仅仅因为你同某些人在大企业共同工作过并不意味着你们在小企业中能够相容。随后他的企业倒闭的原因之一就是合作伙伴互不相容。现在加里监督和教导其他人如何了解和理解与你共同做企业的人。

在协议书上签字之前，你必须了解你将要做的事情。在没有收入这样的压力下，一些人的反应与正常情况下是不同的。

如果你不了解某人，在开始合作之前，要对他或她进行彻底审查，即使这个人是你的朋友介绍的，也要查清楚。审查这个人的社会保障号码。如果他是一个销售人员，要求查看其过去几年的缴税情况。伟大的销售人员通常不在意吹嘘自己的销售能力。

你们要讨论"假如"的问题。罗恩谈到了合作者如何探讨商业计划。如果你们的目标是为了盈利，一个月需要卖出 10 个控件，如果你们承诺卖出 10 个，却只卖出 9 个控件又该如何？你们将不能盈利。如果这种情况持续几个月又该怎么办？你们什么时候应该放弃？什么时候应该寻找其他路径？在合作开始之前，你们必须对这些问题充分讨论。

如果你将资金投入到生意中，你的合作伙伴也必须将资金投入其中。每一个合伙人都应有某种形式的财务承诺。如果某个合伙人没有现金，交纳保证金是可接受的选择。我通过艰难的方式学会了这些。如果你的合伙人不愿在银行贷款或者投资人贷款协议上签字，他或者她就不是你的合伙人，无论他嘴上说什么。这个人没有承担风险，因此他会与你作出不同的决策。他作出的决策往往不是出于公司利益最大化的考虑。而是出于对其个人利益最大化的考虑。这个人会更乐于招募人员，因为花的不是他自己的钱。当公司出现资金紧张，需要偿付账单和贷款时，你与他之间会意见不合。

如果企业需要更多的资金投入，情况会怎样？拉玛从一个经验丰富的合伙人那里学到了经验。当他们由于创办另一家企业造成资金损失，而没钱在淡季支付房租时，他的合伙人明确地表示他不想火上浇油。他不想再往里砸钱了。他们必须以现有的资金解决问题。结果，他们真的找到了办法。他的合伙人，尽管知道他可以进一步向企业投入资金，但是直到他们找到盈利的方法后，他才继续投资。

弗兰克则描述了不同的情况，在公司资金上受损时，他的合伙人们选择了火上浇油。他们坚持认为他们可以扭转局势，他们信任弗兰克，他们开了支票。

你的配偶如何应对艰难岁月

如果你的合伙人是已婚人士，你需要知道他们的配偶是否无论是一帆风顺还是艰难困苦都支持他们。无论是企业初创期还是已经营多年，你都需要配偶的支持。运作企业给你带来压力已经够大的了，你根本无法再承受来自家庭的压力。如果一位合伙人的配偶想要稳定的收入，那么一个星期甚至几个星期没有收入怎么办？合伙人还需承受多少额外的压力？合伙人是否会由于其配偶对固定收入的渴望而辞职？

即使你没有合伙人，如果你结婚了，你要知道你的配偶如何应对艰难时期。

你也需要知道当艰难时刻来临时，你的配偶是否会支持你。大多数情况下，只有事到临头，你才会知道真相。汤姆的前妻不能再忍受"挣扎在悬崖边"的生活。她不再和他说话。一天，当他回来时，房子已经空了。她走了。

另一位企业家相信他正在投入的事业比他的婚姻更重要。他为了事业放弃了婚姻。这是他的选择，他完全了解自己所作所为的后果。他认为，通过自己的事业为社会作贡献比他的婚姻重要得多。

第三位企业家，与他的妻子共同创业，10年之后他们认识到他们无法在一起工作。于是，他们作为企业合伙人分手了。她运营原来的企业，他则另外创办了一家企业。作为夫妻，他们还是幸福地生活在一起。

本书中提到的一位企业家在其丈夫的支持下渡过了三次主要危机中的两次。但是，现在他的支持已不是那么积极热情了。他觉得她已花了太多的钱。他们必须为孩子的教育而储蓄，他觉得她不应该再在生意上花更多钱了。她渴望丈夫继续支持她，但却无法从他那里得到与以往一样的信心和帮助了。

当我遭遇梦魇时，我的丈夫强有力地支持着我。他鼓励我继续前进。事实上，他几个星期都在跟我絮叨如何使企业继续运营的事，简直就像一只破唱片一样。当时，他比我自己对我更有信心。我是幸运的，在艰难时刻，我有一个相信我的人，一个比我自己更强大的人可以依赖。

许多其他企业家的经历与我相似。当危机来临时，他们可以依赖配偶。一对共同经营企业的夫妇有一个每晚一起散步的习惯。当价格下降，以及他们的一位主要客户 18 个月没有订购他们的产品时，这一习惯对他们帮助很大。每晚的散步帮助他们沟通感受和担忧，同时也找出了应对问题的思路。

唐娜的丈夫是她的好参谋。她倾向于把什么事都闷在心里，直至忍无可忍。之后她就会爆发，爆发的对象往往就是她的丈夫。他理解她的暴跳如雷不是真正冲着他来的。这只是她减压的方式。她这样做是因为她信任他。

如果你的配偶支持你，你就更容易渡过难关。你就会在黑暗岁月中得到更多鼓励，而不是更多压力。

在与你的合伙人共同创办企业之前，要确认你是否了解你的合伙人以及他对"假如"问题的回答。尽管你们并不是每晚一起入梦，你与你的合伙人在一起的时间要多于你与你的配偶在一起的时间。

第五章　关于企业运营的七大神话

通过相关研究，以及对企业家们与我分享的他们的故事进行梳理，我总结出了企业运营的七大神话，这七大神话可以快速将你拖入困境。避免这七大神话设置的陷阱并不能让你完全避开困境，不过，却可以让你从他人的错误中学习，成为第三种生意人。

神话之一：好酒不怕巷子深

运营企业易犯的错误之一就是，花太多时间在产品和服务的设计、店面选址上面。你开业了，向世界宣布"我来了，来我这里吧"。然后就是等待，却没什么销售额。或者，你高估了你所需要的营业面积，这种高估对你来说是致命的。

你也许拥有很棒的产品，很好的生产，很多的现金储备。但是，如果你没有很好的营销，那么其他的"很好"就会变得毫无意义。产品不会自己推销自己。

你必须不断推进销售。每个人都要做销售，从公司的接电话的人到作为企业主的你。如果你——企业主，CEO，总裁——认为，"我不是销售人员，"你是在同自己开玩笑。你要做的是最重要的销售工作。你要让你的客户相信买你公司的产品没有错，也要让你的员工对你们的产品有信心，积极销售公司的产品。

销售你公司产品和服务的最佳人选就是你自己。茉莉亚说她不打算雇用代理商，因为她认为自己有销售经验。她认为她就是销售自己产品和服务的最佳人选。

你经常要面对艰难的销售工作。令大多数人印象深刻的是，企业主要在销售和客户身上花去大量的时间。最关键的是，你作为一个企业家的销售能力越强，你的公司就能做得越大。你可以经常给目标客户企业的总裁打电话，或者在贸易协会与他会面，或者在办公室外的其他地方接触，并达成合作意向。合作细节交给较低级别的人员去办。高层传递的信息就是"做成这笔买卖"。

产品不会推销自己。不断地关注和跟进客户是成功的关键。

神话之二：创办自己的企业可以快速致富

其经历出现在本书的企业家中，有些人是放弃了待遇优厚的工作而投入到创办自己企业的事业中的。他们期望创办自己的企业可以达到与原来一样的成功，一样的收入。他们的美梦被无情地警醒了。他们中的一些人没有调整他们的生活水平，在他们学会以更少的收入生活之前，他们就已登记破产了。

　　另外一些人创办企业则是由于其配偶希望在创办自己企业时得到与以前相同的收入。这绝不可能。结果，婚姻关系开始紧张。企业家从不放弃他们坚信是对的东西，即使资金极度匮乏。他们相信自己，相信自己是对的，这种信念驱使他们不断前进……有时会有损婚姻关系。

　　没有人为了致富而创办自己的企业。所有人是想向自己或他人证明什么。有些人则背负使命，要去做一些重要的事情，像大卫和汤姆所做的那样。实际上，他们比在美国大企业供职时更富有。在大多数企业家的个性中都有不安分的成分，这种不安使他们无法总是呆在大企业里。他们或者自己选择离开，或者由于"不适合"被大企业扫地出门。

　　像比利这样一些企业家，明白自己是先驱者。他们知道需要漫长、艰苦的时期才能达到他们的目标。一些人摊子铺得比较大，另一些人则比较小。无论怎样，他们所有人都明白通过创办自己的企业，他们会变得越来越富有。

神话之三：完美的合作：我出点子，银行出钱

　　银行希望在你不需要的时候借钱给你。史蒂夫的银行就曾多次说过他们要增加他的信用额度……直至史蒂夫真正需要的那天，银行才露出庐山真面目。

　　你可以从许多地方寻求创办企业的贷款。他们通常是你的朋友、家人和傻子。除非你有许多担保，否则银行不会冒

险给你贷款。

另外，风险资本家和其他一些人（你的朋友和家人以外的人）要看到你有客户才会借钱给你。他们要看到的是你有收益，你的想法不仅仅是一个想法，而是人们愿意付钱购买的活生生的产品或者服务。

一位企业家了解这一切。他帮助了两位在他们自己的车库中开始创业的两位软件工程师。投资者拥有所有产品。起初，他们的产品虽好但没有客户。他们的产品本应有客户的，但是为什么找不到客户呢？投资者正是钻了技术未经验证的空子。他们有钱，而两位工程师需要他们的钱继续开发产品。从两位工程师的角度来看，他们处在"进退维谷"的境地，如果他们要让企业维持下去，继续实践他们的梦想，他们只有接受风险资本家的苛刻条件，别无选择。

在现实世界中，想法算不了什么。客户才是最重要的。

神话之四：我这次给客户一个折扣价，下一次再捞回来

许多时候，我们认为我们可以以打折的方式诱使顾客购买产品，客户下一次购买时就可以全价购买了。可惜的是，客户下一次购买时，他希望以与第一次相同的价格购买。他会认为你第一次给他的折扣价就是正常的价格，你会一直给他折扣价。下一次销售索要不同的价格是不太可能的。

如果你的定价有不同的档次，在你推销产品和服务之前，你必须做好捆绑销售计划。如果你打算打折销售，要找一个打折的理由。客户要为获得折扣价而给你回报。

帕特的供暖和空调公司销售维护服务。如果一位客户与公司签订一年的炉具和空调维护服务合约，帕特就会在所有服务项目上给这位客户打折。

你也可以以购买量为依据打折。卡伦就采取这种打折方法，因为当客户订购比较大量的支票簿，商业名片，或者其他印刷品时，她就可以以比较低的价格订货。

一位企业家通过困难的方式了解到，不能采取赠送的方式来促进销售。如果有人说他们需要她的服务，但付不起钱，她通常会赠送研讨会和会议，希望他们下一次能够付款。这些人却不再来了。她才意识到对于客户来讲免费的东西是没有价值的。

一定要搞清楚你打折的理由。打折要找一个特殊的理由。这样下一次你才可以不必再打折。

神话之五：如果竞争对手可以以某一价格
销售，那我也能做到

也许你能做到。你要了解自己的成本。你的竞争对手找到了以更节约成本的方式销售与你相同的产品。她也许有更低的劳动力成本，更好的供货商以更低的价格为她供货，或者更低的销售成本。如果你盲目地压低价格以应付你的竞争对手，你会很快发现自己遇到资金危机，甚至离关张大吉不远了。

过度竞争会害了你的公司。一位匿名的企业家看到他的竞争对手有更大的商店，就认为为了对付竞争者，他一定要扩大商店的规模。他们发现过度扩张耗费太大，更大的商店带来了更严重的现金流不足问题。

不要只是盯住你的竞争对手的定价策略。如果你的价格更高，就找出你的较高价格对客户的价值所在。向客户灌输这一价值。

这就是拉里一直在做的事。他发掘了他所运营的企业的潜在价值。他的学习软件公司在与提供同类服务的企业的竞争中处于领先地位。他的公司用了一些与其他企业相同的教学程序。但是，他的企业为客户提供了不同于其他企业的价值服务。他关心顾客，关心客户的需求的独特的服务方式是其企业成功的关键。

要时刻关注你的竞争对手在做些什么。拉里就经常这样做。他会走进竞争对手的商店捕捉商业趋势、当前的价位，以及供应产品的信息，并以此来确定他将会供应怎样的产品。

但是，在你改变价格，或者打折之前，要搞清楚你的竞争对手是怎样做到这些的。要根据你自己的成本来决定你是采取降低价格的策略还是增加你的产品的内在价值的策略。

想当然地认为你可以将价格降到与竞争对手相同的水平也许会使你的企业倒闭。

神话之六：员工是我的朋友

员工不是你的朋友。你的员工只是为你做特定的工作，从你这里领薪水。你的合伙人也不是你的朋友。如果你与你的朋友一起办公司，多数情况下你们的友谊会消失，因为你根本不了解你的朋友在不同的压力下的反应。

加里经常谈到这个问题。他曾与他的朋友们创办过一家企业，但是由于在现金流吃紧这样的压力下朋友们的反应非常不同，这家企业以失败告终。

你必须区分朋友与"友善"，因为在今天的工作场所中，人们希望寻求建立私人关系。这就是为什么在朋友与"友善"之间划清界限是如此困难。

如果你公事公办，那么你对所有人都应公事公办。不要单独找一位雇员出来吃饭。如果你与你部门的一个人共进了午餐或晚餐，那么你就要同所有人都共进午餐或晚餐。这样才可以显示你是公正的，不偏不倚。

惩罚也要讲公平。你不能让某些人因犯了错误受到惩罚，而另一些人犯了同样的错误却可以逃脱惩罚。如果你迁就了你熟悉的一位朋友，就会造成其他员工士气低落。所有人都要遵守同样的规则。无论什么人违反了规定，都要遵照相同的条例进行处罚。

如果一位员工找你诉说婚姻问题，经济问题，或者其他个人问题，不要将他所说的透露给任何其他人。然而，你必须知道问题的发展情况，以及这些问题对他或者她的工作有何影响……并且必须要提请他注意这一点。

所以，要友善地对待你的员工，但不要与他们成为朋友。你要对他们公事公办。要注意你与员工的相互关系，一定不要有所偏袒。

神话之七：我需要空闲时间，我不必回答所有人的问题

所有接受本书采访的企业家在自己公司工作中投入的时间都比他们在别人的企业工作时投入的时间要多。运营自己的企业，你可以更自由地支配自己的时间。如果你不得不白天离开，一般你是可以这么做的。然而，你通常会发现你这一天要工作更长的时间以弥补白天失去的时间。

你不必回应任何人；你只需回应每一个人——你的员工，你的顾客，你的银行主管，你的保险代理，以及每一个想要卖东西给你的人或者你想要卖东西给他的人。每一个人都要占用你一点时间。

是的，你要作出最终的决定。如果你想要企业成长，你必须学会下放一些决定权，然后进行跟进监督。如果你想让

企业保持比较小的规模，牢牢地控制在你的手中，你就不必下放权力。较小的企业完全依靠你个人的努力。如果有些问题的出现使你的企业可能无法继续生存，你就必须为你的企业和你作出正确的决定。

对于一些企业家来说最艰难的时刻就是放手。有少数企业家尝试放手，但发现他们的员工"并不能像他们自己一样工作"，并且"工作达不到他们自己的标准"。于是，他们又会挽起袖子，亲自上阵。一些人，像洛丽塔那样，由于不想再工作得太辛苦而关掉了企业。其他一些人则收缩了企业规模以便他们能控制企业，并享有家庭生活。

如果你强烈地相信你所做的事业比你的家庭更重要，那么你就会花更多的时间在工作上，承受离异以及孩子们的情绪问题。书中所涉及的一些企业家就曾经历过这些。

当我在申请参加一个商业团体时，被问到的一个问题是你一天工作多少小时。我告诉他是零，因为我并不认为自己在工作。就像许多企业家一样，我热爱我所做的事业，我喜欢去办公室……即使是在艰难时期。

我也找到了与我的家庭和平相处的途径。许多人，包括我自己，是在办公环境中抚养孩子的。我的女儿在她明白什么叫做小孩子之前，就认识联合包裹服务的人，美国联邦快递的人，以及邮局的人。她10岁时，当我的合作伙伴离开去找一份"安全"的工作时，她对我谈起此事时说："他难道不知道世界上不存在没有风险的事吗？"我对此感到吃惊。

然而，我意识到她学习到的关于人生的知识要比学校老师们教的要多得多。

　　我所采访的企业家的子女们或者成为伟大的企业家，与企业家结婚，或者不想做任何与开办企业有关的事情。少数人，像一位制造商的女儿，她的孩子们继续创办自己的伟大企业。其他一些人与企业家结了婚，他们知道自己可以期待怎样的生活。他们不想自己去做企业，但是却给予他们的配偶极大的支持和理解。另外一些企业家的子女根本不想做与开办自己的企业有关的事情，因为他们看到他们的父母承受了太多的东西，工作得太辛苦（从他们的角度来看）。

　　作为企业家，你不会有太多空闲时间。你确实有更多支配自己时间的能力。对于大多数受访的企业家而言，他们的时间花在了他们热爱和信任的事业上。他们愿意付出更多的时间，更艰苦的努力来完成他们想要完成的工作。这份爱和这份信任帮助他们走出黑暗迎来光明。

第六章 至理名言

本书中所涉及的企业家为现在的和未来的企业家提供了许多至理名言。他们从内心深处希望他们的这些肺腑之言能够有助于其他企业家发展他们的事业。

- 你要相信自己——对自己所做的事情有信心——你就可以战胜困难。

- 只要你坚持到底就能达成目标。

- 墨菲法则。要防患于未然。只要你不被困难吓倒，坚持向正确的方向前进，你就能克服一切艰难困苦。你将取得胜利。但是这并不是一件容易的事情。

- 在逆境中要采取行动，尽管这是困难的。

- 在危急时刻，要问自己，"我今天应该做什么?"然后就去做。通常，你不可能一次解决所有问题。要一天天地推进。

- 听从你内心的呼唤。

- 你要做从头到尾的全盘规划。当然，真实情况并不会完全在你的计划范围内，但早做规划可以使你少走弯路。计划是活的。它要依据实际情况作出调整，这样你才可以更快接近你的目标。

- 不要沉浸在压力中。找出问题所在。理性分析，去做必须做的事情。

- 要持续思考怎样才能促进企业的发展，使企业变得更好，成本更低。

- 当一切顺利时，居安思危。否则，你会做些愚蠢的事情，比如，投入昂贵的发展计划，或者去做那些你根本不熟悉的事情。

- 己所不欲，勿施于人。

- 这个世界并不是非黑即白。它通常是灰色的。当你成长，成熟时，你会适应一切。从非黑即白的世界走向灰色世界的过程是会经历许多恐惧的。一旦你认识到这一点，你就能学会调整自己的想法和预期。你的预期必须是现实的。风险资本家的世界会迫使你面对现实，这一点对你来说并不容易。你仍然要保持乐观，但是，你对企业和企业的发展方向的控制能力，包括你目前有多少控制能力，你将来有多少控制能力，你的富有程度等等都会发生快速的变化。

- 关注你的竞争对手。你必须对他们的行动作出反应。

- 开创性的工作是艰难的。如果你对自己的产品有信心，你就要尽力推销产品的优势，并相信它们能在市场上获得优势地位。如果你过于冒进，你的推广工作就不能持久。

- 能够做你真正喜欢的事情是很幸运的。许多人厌恶自己的工作。从这一点上来说，你是个幸运儿。

- 如果你信仰上帝，上帝就会在你身边。如果你按上帝的旨意去做，你就能够成功。事实会向你证明你是对的。

- 你在某些事情上的失败并不意味着你做人的失败。

你可以以此为戒选择更好的方向。失败乃成功之母。

- 你的行为和态度确实会影响一个企业日常的状态。如果你带着负面情绪走进办公室，这种情绪就会对企业造成伤害。

- "灵魂交易"每两个月就会出现一次。

- 每一家企业最重要的资产就是员工。你必须让合适的员工在合适的岗位上工作。

- 如果你想带领员工走过艰难岁月，你必须完全诚实地告知企业所面临的风险和可能的收益，这样几乎所有人都会追随你。

- 永远不要让一个客户给你带来的生意超过你整个业务的25%。

- 保持幽默感。

- 能够赢得胜利的人是那些能够战胜艰难困苦，并把困难甩在身后，继续前进的人。

- 当你无法对企业事必躬亲时，一定不要对财务问题放权。

- 你可以通过提供出色的产品和优秀的销售能力来渡过困境。你必须让人们知道你可以帮助他们解决问题。你要向你的客户说明你可以帮助他们节约时间和金钱。

- 好消息通常并不像看起来那么好，坏消息也并不似看起来那么坏。

- 做那些你有着强烈激情的事情，并由此出发建立你的事业。

- 让那些对你有正面评价的人围绕在你身边，远离那些对你有负面评价的人。

- 你必须寻找那些与你有类似想法的人，他们能够提升你的信心，使你对自己越来越自信。大多数人会心存恐惧、怀疑和焦虑的心理，总是有"我做不到"的负面想法。不要让这些人围绕在你身边。

- 你要专注于成功。会有顺境，也会有逆境。要专注，要记得什么是你要做的事情。

- 当你成功时，回报社会是你的责任。要乐善好施。

致　　谢

我要对每一位与我分享其经历的企业家表示特别感谢。他们所有人都热情的、诚实的、有时甚至是痛苦的为我们回忆自己的往事。我欣赏你们能坦率地和心甘情愿地帮助那些追随你们的足迹的人们。我希望你们中的那些依然在黑暗中摸索的人们在不久的将来能够迎来曙光。

写作和出版依赖的是团队的合作。感谢彼得，继而吉尔，以及不计其数的在 Sourcebooks 公司工作的幕后人员，感谢你们促成了我们这次愉快的合作。

另外，我还要感谢布兰达，她做我的助手超过 14 年。多年来，她见证了我们的成长，失败，濒临崩溃，和成功。她不做语言资料转录成文字的工作有很长时间了，为了本书她重操旧业。我欣赏她灵巧的手指，她的献身精神，她果断的行事风格，以及她对我们的工作的大力支持。

我一定要感谢我的父母多年来给予我的爱和支持。我的父亲教导我遇到困难时，要振作起来，拂去身上的灰尘，继续前进。爸爸，我照您说的做了，尽管有时是那样的艰难。我的母亲，当我需要时，耐心倾听我的诉说，并给我温暖的拥抱。当你们意识到我几近崩溃时，你们总是在各方面支持我。感谢你们。

我要感谢我 16 岁的女儿，凯特，在我们建立各种企业时，与我们一起经历了艰难岁月。我知道，终日听父母探讨生意上的事，看到家里缺钱，感觉到父母所承受的压力，由于我们缺钱而不能答应你做你的那些朋友们所做的事情，所有这一切对于一个孩子来说是多么的艰难。你在现实生活中学到了在学校永远都学不到的东西。我希望在你成年之后，能够成功地运用今天所学到的知识。

最后，但绝不是不重要的，我要感谢我的丈夫，鲍勃。尽管我不常对他说感谢的话，也不常流露出感激之情，但是千言万语也无法表达我对他的谢意。我们在一起的旅途并不总是一帆风顺。但它决不乏味。没有你，我根本无法渡过难关。有时，你对我的信任胜过了我对自己的信任。所以，此时此刻，我要说一声，谢谢你。

图书在版编目（CIP）数据

老板是怎样炼成的：小企业经营之道／（美）金著；
耿林译．—杭州：浙江大学出版社，2010．11
书名原文：The Ugly Truth about Small Business
ISBN 978－7－308－08067－5

Ⅰ．①老…　Ⅱ．①金…②耿…　Ⅲ．①小型企业－
企业管理　Ⅳ．①F276.3

中国版本图书馆 CIP 数据核字（2010）第 212898 号

老板是怎样炼成的：小企业经营之道

（美）露丝·金 著　耿　林 译

责任编辑	叶　敏
装帧设计	虢　剑
出版发行	浙江大学出版社
	（杭州天目山路 148 号　邮政编码 310007）
	（网址：http：∥www．zjupress．com）
排　　版	北京京鲁创业科贸有限公司
印　　刷	北京中科印刷有限公司
开　　本	635mm×965mm　1/16
印　　张	18.5
字　　数	172 千
版 印 次	2010 年 12 月第 1 版　2010 年 12 月第 1 次印刷
书　　号	ISBN 978－7－308－08067－5
定　　价	39.80 元